Das Prinzip Achtsamkeit

Der leichte Weg zu mehr Glück, Gelassenheit und Erfolg

Christian Bremer

C.H.BECK

So nutzen Sie dieses Buch

Die folgenden Elemente erleichtern Ihnen die Orientierung im Buch:

Beispiele und Übungen

In diesem Buch finden Sie zahlreiche Beispiele und Übungen zu Meditation und Achtsamkeit.

! Die Merkekästen enthalten wertvolle Tipps und Anregungen.

Auf den Punkt gebracht

Am Ende jedes Kapitels finden Sie eine Zusammenfassung der wichtigsten Punkte.

Inhalt

Eines Tages …

wurde ein Weiser von einem jungen Mann gefragt, wie Weisheit erlangt werden könne.

Der Weise ging mit dem Fragenden in einen Fluss, packte plötzlich seinen Kopf und drückte ihn unter Wasser. Nach einigen Sekunden begann der junge Mann sich zu wehren, um wieder Luft holen zu können. Doch der Weise hielt seinen Kopf mit aller Kraft unter Wasser, sodass er keine Chance hatte, Luft zu bekommen. Der junge Mann kämpfte umso mehr.

Erst kurz bevor er ertrunken wäre, ließ der Weise ihn an die Wasseroberfläche kommen. Nachdem der junge Mann sich erholt hatte, fragte der Weise: „Als du gerade eben fast ertrunken wärst, was wolltest du da am meisten?" „Atmen!" „Genau. Und so ist es auch mit Weisheit: Du musst Weisheit genau so sehr haben wollen wie gerade eben die Luft".

Diese Geschichte gilt auch für den Wunsch, achtsamer leben wollen. Der Wunsch nach Achtsamkeit allein reicht nicht, sie muss auch gewollt werden.

Der Aufbau dieses Buches

Dieses Buch hat den Anspruch, Ihnen alles Nötige zu geben, was Sie für ein Leben in größerer Achtsamkeit benötigen. Zur Orientierung werden zu Beginn die Begriffe „Achtsamkeit" und „Meditation" erläutert.

Danach erfahren Sie, wie Sie die Kraft der Achtsamkeit einsetzen können. Anschließend finden Sie eine Auswahl leichter Meditationstechniken, die sowohl für Einsteiger als auch für Fortgeschrittene geeignet sind.

Den Schluss des Buches bildet ein ausgereiftes Trainingsprogramm für Achtsamkeit und Meditation, mit dem Sie die Inhalte des Buches Schritt für Schritt in der Praxis anwenden können.

!

Lesen Sie dieses Buch achtsam

Damit Sie möglichst viel von diesem Buch über Achtsamkeit profitieren können, empfiehlt es sich, es achtsam zu lesen. Dafür

- lesen Sie es in Ruhe und überfliegen Sie es nicht,
- glauben Sie kein Wort, sondern probieren es aus,
- halten Sie gelegentlich inne und beobachten Sie, was die Inhalte bei Ihnen gedanklich auslösen,
- unterbrechen Sie das Lesen manchmal und beobachten, ob und wie Sie gerade atmen.

Was Sie sich von Achtsamkeit und Meditation versprechen dürfen

Meditation ändert alles, ohne dass sich etwas ändert.

Viele Menschen sind wie italienische Sportwagen, nur ohne Bremsen. Sie rasen durchs Leben, ohne von Zeit zu Zeit innezuhalten. Hier fehlt das Gleichgewicht zu Kraft und Beschleunigung: Erholung und Entschleunigung. Achtsamkeit hilft Ihnen bei beidem. So können Sie sich erholen und entspannen, wenn Sie es brauchen.

Das Versprechen von Achtsamkeit lautet: Es ist möglich, erfolgreich und gesund zu sein. Was haben Sie von Erfolg, wenn Sie zu oft genervt, verspannt oder gereizt sind?

Lernen Sie, sich abzubremsen – denn das ist für langfristiges Glück nötig.

- Möchten Sie in der Lage sein, sich grundlos glücklich und frei zu fühlen?
- Wollen Sie besser abschalten können?
- Haben Sie den Wunsch, mit sich selbst öfter im Einklang zu sein, sich unabhängig und frei zu fühlen?
- Wollen Sie sich aus schlechten Stimmungen gerne selbst herausholen können?
- Wünschen Sie sich, in stressigen Situationen besser die Übersicht zu behalten sowie ruhig und aktiv zu bleiben?

Das Versprechen dieses Buches lautet: All das ist mit Achtsamkeit und Meditation möglich. Denn die Brücke, die Sie im

Alltag und damit im Leben zu Glück und Gelassenheit führt, besteht aus Achtsamkeit.

> **!** *Achtsamkeit – eine erste Definition*
>
> Achtsamkeit ist die Fähigkeit, etwas ganz zu tun und nicht mit den Gedanken woanders zu sein. Diese Fähigkeit führt dazu, dass neue Sichtweisen und Erkenntnisse entstehen, die Ihrer tiefen inneren Weisheit entspringen.

Nutzen Sie die Chance, einen neuen Zugang zu den Herausforderungen im Leben zu finden. Vieles, was Sie manchmal stört, ärgert oder traurig macht, können Sie nicht ändern. Aber eines können Sie immer ändern: sich selbst.

Schluss mit den Klischees

Völlig okay: nach dem Meditieren Porsche fahren.

Wenn Sie Worte wie „Achtsamkeit" oder „Meditation" hören, was sehen Sie dann vor sich? Ich habe zu Beginn meiner Beschäftigung damit Folgendes gesehen:

- einen kleinen Mönch mit Glatze und Kutte
- leicht gebeugte Menschen, die mit einem verklärten Lächeln im Bioladen einkaufen
- Räucherstäbchen und Jasmin-Tee

Und natürlich lag der Geruch von den „Fachgeschäften für Esoterik, Meditation und Erwachung" in meiner Nase.

Für viele Menschen sind Achtsamkeit und Meditation gleichbedeutend mit Esoterik. Sie empfinden sie als lächerlich und unwichtig. Doch aus eigener Erfahrung kann ich Ihnen sagen, dass Sie nicht in ein Ashram gehen müssen und auch nicht stundenlang im Lotussitz verweilen müssen, um von Meditation zu profitieren.

Ich hatte Lehrer, die ganz anders als meine anfänglichen Vorstellungen waren. Denn auch wenn viele Ansätze, Techniken und Perspektiven der Achtsamkeit und Meditation aus dem asiatischen Raum kommen, hat beides unseren Breitengrad längst erobert.

Außerdem wurde bisher nicht bewiesen, dass Kerzen, Tee und Kutte die Wirksamkeit von Meditation erhöhen. Ich lasse sie also weg. Weil diese Dinge aber nicht schaden, können Sie sie ruhig verwenden – ich fordere Sie dazu aber nicht auf.

Dieses Buch lädt Sie ein, auf einfache Weise Achtsamkeit und Meditation zu lernen, ohne an irgendetwas Spirituelles, Religiöses oder Esoterisches zu glauben oder gar rituelle Handlungen zu vollziehen.

Folgende Haltung zu Achtsamkeit und Meditation halte ich für gesund und vertrete sie auch hier im Buch:

- Meditation und Achtsamkeit dienen **nicht** der „Erleuchtung".
- Ich glaube **nicht** an irgendwelche „besonderen übersinnliche Fähigkeiten", die durch Meditation freigesetzt werden.
- Der realen Welt mit all ihrer Schönheit, aber auch ihren Problemen, will ich mich **nicht** durch Meditation entziehen, sondern mich ihr öffnen und zuwenden.

Ich mag Geld, Erfolg und irdische Genüsse wie Alkohol und Fleisch. Niemals werden Sie hier ein Verbot von irgendetwas finden. Von mir aus können Sie weiter Fleisch essen, Alkohol trinken und Fernsehen schauen. Sie brauchen nicht Veganer, nicht Vegetarier und auch kein Kapitalismusverweigerer zu werden.

Das mag jetzt vielleicht komisch klingen und selbstverständlich sein. Sie glauben aber nicht, was mir in den letzten Jahren an Personen, Büchern und Seminaren aus der „Achtsamkeits- und Meditationsszene" so untergekommen ist.

Auf den Punkt gebracht

Achtsamkeit ist keine Frage von Glauben, sondern von Erfahrung. Sie brauchen an nichts zu glauben, um von Achtsamkeit und Meditation zu profitieren. Sie brauchen auch keinen Guru, der Ihnen sagt, was gut oder schlecht für Sie ist. Denn Sie sind Ihr Guru. Sie wissen, was das Beste für Sie ist.

Sie mögen Klarheit, Einfachheit und Pragmatismus? Dann sind Sie hier richtig! Die hier beschriebenen Ideen und Techniken bieten effektive Möglichkeiten, um durch Achtsamkeit und Meditation im Berufsalltag mehr Erfüllung und weniger Stress zu haben. Hierfür wurden spezielle Übungen ausgewählt, die ohne Schwierigkeiten, Hilfsmittel und ohne oder wenig zusätzlichen Zeitaufwand durchzuführen sind.

Wenn Sie lernen zu meditieren, werden Sie schnell die angenehmen Vorteile erkennen und selbst spüren können. Sie werden sich ruhiger, frischer und kräftiger fühlen. Sie werden feststellen, dass Sie belastbarer werden und sich nach

Belastungen durch die Fähigkeit des „Abschaltens" schnell erholen. Sie werden besser schlafen, sich besser konzentrieren können und besserer Laune sein. Mit Ihrer Meditation schaffen Sie sich ein Zeitfenster, um inneres Chaos zu klären. Sie schaffen sich einen Raum für neue Kreativität und größere Produktivität.

Gleich zu Beginn

Gönnen Sie sich immer wieder kleine Verschnaufpausen, weil Sie es wert sind. Das gilt auch für das Lesen des Buches. Legen Sie es immer wieder mal zur Seite und probieren Sie nach einer kleinen Pause aus, was ich Ihnen vorschlage.

Es geht vor allem darum, einfach mal innezuhalten, sich auf seinen Atem zu konzentrieren und die eigenen Gedanken als das wahrzunehmen, was sie sind: als Gedanken. Wenn Sie mehr Erfüllung, mehr Glück und mehr zu sich finden wollen, dann kommen Sie an Meditation meiner Erfahrung nach nicht vorbei.

Übung: Was Sie jetzt tun können

Stellen Sie sich einen Augenblick vor, wie Ihr Leben wäre, wenn Sie noch häufiger im echten, intensiven und liebevollen Kontakt mit sich und anderen wären.

Wie Sie am meisten von diesem Buch profitieren

„Ich habe 100 kg Gewicht verloren, von denen ich nicht wusste, dass ich sie mit mir herumtrage!"
Feedback im Achtsamkeitsseminar

Natürlich kann Ihnen dieses Buch nur helfen, wenn Sie die Inhalte nicht nur lesen und verstehen, sondern auch anwenden. Und dafür braucht es eine vernünftige, umsetzbare Strategie.

!

Glücklich von Beginn an

Sorgen Sie bereits beim Aufbau Ihrer Achtsamkeit dafür, dass Sie von Beginn an Freude haben. Seien Sie mit sich zufrieden und glücklich mit dem, was Sie schon haben. Warten Sie damit nicht, bis Sie Ihr Ziel erreicht haben. Genießen Sie bereits den Weg zu Ziel. Sie sind schon jetzt prima!

Veränderung braucht Strategie

Sie werden dieses Buch wahrscheinlich nicht aus Langeweile lesen, sondern weil Sie ein Anliegen haben. Eventuell können Sie es bereits klar benennen oder es ist noch neblig-unscharf. Um das Ziel, das in Ihrem Anliegen steckt, zu erreichen und damit das Lesen lohnenswert zu machen, schlage ich Ihnen drei Schritte vor:

- **Vision:** Wer möchte ich werden und was möchte ich noch besser können?
- **Ausrichtung/Anpassung:** Welche ausgewählten Inhalte helfen mir dabei?
- **Anwendung:** Wie kann ich diese Inhalte anwenden?

Wir Menschen können uns überlegen, wie wir uns unsere Zukunft wünschen und diese dann durch Denken und Handeln mitgestalten. Wir können bestimmen, was die „nächstbessere Version unserer selbst" ist. Welch ein Geschenk! Selbstverständlich sind Sie bereits jetzt gut. Aber Sie würden wohl kaum dieses Buch lesen, wenn Sie nicht das Gefühl hätten, dass an der einen oder anderen Stelle „noch etwas geht". Überlegen Sie: Was wollen Sie noch lernen?

Zu Beginn Ihres späteren 21-Tages-Trainingsprogramms helfe ich Ihnen dabei, Ihre Vision zu definieren. Um die Ausrichtung und Auswahl der Techniken zu finden, können Sie die folgenden sechs Tipps beherzigen. Für eine Anwendung ist auch durch das Trainingsprogramm gesorgt. Sie sehen – alles ist für Sie vorbereitet.

Tipps zur optimalen Anwendung des Buches

Um die oben beschriebenen drei Schritte **Vision**, **Auswahl** und **Anwendung** möglichst schlank und wirksam zu gestalten, habe ich diese sechs Tipps für Sie:

Tipp Nr. 1: Glauben Sie mir kein Wort

Glauben Sie mir kein Wort, sondern lesen Sie langsam, mit Bedacht, „einfach" mit Ihrem Herzen. Überlegen Sie sich, was von dem, was Sie hier lesen, für Sie in Ihrem Leben – privat wie beruflich – von Nutzen sein könnte.

Verfallen Sie beim Lesen nicht in Bewertungen wie „Ja stimmt, weil ..." oder „Nein, das stimmt nicht, weil ...", denn in beiden Fällen werden Sie wahrscheinlich wenig ausprobieren. Wenn Sie das Gelesene vorschnell in die Kategorien „richtig" oder „falsch" einsortieren, geht die Energie verloren. Um etwas zu probieren, müssen Sie neugierig sein, so, wie Sie es als Kind waren, als Sie Ihre Welt entdeckten. Entdecken Sie jetzt die Welt der Achtsamkeit, indem Sie neugierig sind.

Tipp Nr. 2: Probieren Sie es aus

Fragen Sie sich dafür: „Welche Inhalte könnten mein Leben noch gelassener und erfüllter werden lassen?"

Wenn Sie sich vornehmen „Ich probiere das mal aus, und zwar auf meine eigene Art und Weise!", dann ist die Chance sehr groß, dass sich das Lesen dieses Buches mehr als lohnt. Ich verspreche Ihnen, dass die Inhalte Ihr Leben verändern können. Sie haben meines verändert und das vieler meiner Vortrags- und Seminarteilnehmer.

In den Stunden, in denen Sie das Buch lesen, seien Sie ganz bewusst für sich da. Seien Sie ruhig „egoistisch" und gehen Sie dabei Ihrem Herzenswunsch nach, Ihre Achtsamkeit zu trainieren.

! Nichts von dem, was Sie hier lesen, will Zustimmung. Es will ausprobiert werden.

Sie müssen nicht alles, was Sie hier lesen, sofort zu 100 % verstehen. Nehmen Sie sich Zeit, probieren Sie es aus und reflektieren Sie die Inhalte in Gesprächen mit Freunden und interessierten Bekannten. Im Dialog wird vieles klarer.

Tipp Nr. 3: Lesen Sie mit dem Herzen

Überlegen Sie sich: „Welche der Inhalte könnten mir im echten Leben guttun?" – und lassen Sie dann Ihr Herz antworten. Lassen Sie auch Ihr Herz auswählen, was Sie ausprobieren. Denn Sie brauchen ja nicht alles zu testen. Testen Sie lieber den Teil, zu dem Sie sich hingezogen fühlen und von dem Sie den Eindruck haben, dass er Ihnen guttun könnte. Denn niemand kennt Sie so gut, wie Sie sich kennen. Also wissen Sie auch am besten, welche Inhalte Sie am meisten unterstützen.

Tipp Nr. 4: Leben Sie das „Kühlschrankprinzip"

Erst Input, dann Output: Sie müssen im Sommer erst ein Getränk in den Kühlschrank legen, um sich daran dann später, wenn es kühl geworden ist, erfrischen zu können. Das Motto könnte auch lauten: „Erst säen, dann ernten." Erwarten Sie also nicht sofortige Wunder, sondern bleiben Sie geduldig am Ball und probieren Sie alles einige Male aus, bis es dann die ersten Früchte der Achtsamkeit trägt. Und ich verspreche Ihnen, diese Früchte sind es wert, mit Geduld gesät und gepflegt worden zu sein.

Tipp Nr. 5: Geben Sie 100 % – für sich selbst

Entscheiden Sie sich für „Massives Lernen", weil es sich lohnt. Lernen Sie also nicht „ein bisschen", sondern mit viel Schwung! Ohne Stress, sondern mit Freude und Leichtigkeit. Sie tun es ja für sich. Die Deutsche Fußballnationalmannschaft wäre nie zum wiederholten Mal Weltmeister geworden, hätten nicht alle stets möglichst alles gegeben. Ähnlich ist es bei Ihnen und der Anwendung der Inhalte des Buches. Seien Sie nicht zaghaft und probieren Sie es nicht nur halbherzig aus.

> ***Können Sie „versuchen", etwas umzusetzen?***
>
> *Ein gutes Beispiel ist das Wort „versuchen". Wenn Sie jetzt sitzen oder liegen, versuchen Sie mal aufzustehen. Haben Sie es probiert? Dann haben Sie gemerkt, dass es nicht geht.*

Das Wort „versuchen" an sich ist bei den einfachen Dingen des Lebens Unsinn. Denn entweder Sie bleiben sitzen/liegen oder Sie stehen auf.

Weil die Techniken dieses Buches allesamt einfach sind, können Sie alles anwenden. Wenn Sie das nach dem Ausprobieren anders sehen, schreiben Sie mir bitte eine E-Mail an kontakt@christian-bremer.de.

Tipp Nr. 6: Seien Sie Mitspieler und kein Zuschauer

Bei jeder Sportart gibt es Zuschauer und Mitspieler. Oft ist es angenehmer, Zuschauer zu sein, andere für sich laufen zu lassen und sich dabei bequem zurückzulehnen. In vielen Situationen ist das sicherlich die richtige Entscheidung, nicht aber, wenn Sie mit diesem Buch dazu beitragen wollen, dass Ihre Achtsamkeit größer wird. Denn wenn Sie das Buch nur lesen, das Gelesene aber nicht auf das Spielfeld des Lebens bringen und in der täglichen Praxis anwenden, werden Sie wenig davon haben. Also: raus aus dem Sitz und rauf aufs Spielfeld. Vielleicht macht es ja mehr Spaß und Freude, als Sie denken.

Auf den Punkt gebracht

Machen Sie es einfach. Auch wenn es anders leichter wäre: Sie können erst dann von Achtsamkeit und Meditation profitieren, wenn Sie einiges aus dem Buch einige Male ausprobiert haben. Halten Sie sich dabei immer den Sinn und Ihre Vorteile vor Augen.

Was sind Achtsamkeit und Meditation?

Achtsamkeit ist der Zugang zum Jetzt und damit zum Leben.

Damit Sie eine erste Vorstellung davon bekommen, was sich hinter den beiden Begriffen „Achtsamtkeit" und „Meditation" verbirgt, hier eine kurze Definition und einige Beispiele:

- „Achtsamkeit" bedeutet, etwas ganz zu tun und bei der Sache zu sein. „Achtsamkeit" heißt, dass Sie Handlungen und Situationen im Alltag präsent erleben. Sind Sie im Modus „Schlafwandeln im Alltag", einer Art Autopilot, oder kriegen Sie bewusst mit, was passiert?
- „Meditation" bedeutet, ohne Bewertung wahrzunehmen, was der ständige Strom der eigenen Gedanken gerade zu bieten hat. Meditation umfasst den Zeitraum, in dem Sie innere Vorgänge wie Atmung, Gedanken, Gefühle oder den Körper wertfrei beobachten.

Beispiele für achtsame Handlungen

Meditation ist der Schritt vom lauten Denken zum stillen Sein.

- Wenn Sie auf dem Weg zur Arbeit auf einmal große Sorge haben, ob ihr Projekt erfolgreich sein wird, **und dann mitbekommen**, dass dies alles in diesem Augenblick „nur" in Ihrem Kopf passiert und nicht in Wirklichkeit, sind Sie achtsam.

- Wenn Sie von einem Kunden provoziert werden und statt einer spontanen, unüberlegten Antwort für einen Augenblick **innehalten** und sehen, wo Sie der Äußerung des Kunden innerlich in Teilen zustimmen können, sind Sie achtsam.
- Wenn Sie nicht mehr wissen, wie Sie Ihre zahlreichen Aufgaben unter einen Hut bekommen sollen und dann **diesen unangenehmen Druck aufmerksam und bewusst wahrnehmen**, sind Sie achtsam.
- Wenn **Ihnen bewusst ist**, dass Sie beim Autofahren nicht vom Fahrstil Ihres Vordermanns genervt werden, sondern von Ihren Gedanken über dessen Fahrstil, sind Sie achtsam.

Im Laufe des Buches finden Sie weitere und detaillierte Erläuterungen und Beispiele.

Wann Ihnen Achtsamkeit und Meditation helfen können

Meditation bedeutet,
dem Moment zu erlauben, so zu sein, wie er ist.

Weil es im Leben nicht immer einfach zu sein scheint und weil es nicht immer so läuft, wie wir es uns wünschen, gibt es Phasen, die wenig angenehm und freudvoll sind. Krankheit, Stress, Streit oder berufliche Probleme sind gute Anlässe, das eigene Leben in Achtsamkeit zu führen.

Damit Sie sich schon jetzt vorstellen können, wann Sie im Alltag konkret vom Prinzip Achtsamkeit profitieren können hier einige Beispiele:

Es ist an der Zeit, achtsam zu sein, wenn

- *Sie vor einer beruflichen oder privaten Herausforderung stehen,*
- *Ihnen Sorgen und Ängste das Leben schwer machen,*
- *es Ihnen schwerfällt, etwas Wichtiges anzusprechen,*
- *Sie Stress durch Zeitnot, Ärger oder Druck empfinden,*
- *Sie enttäuscht wurden und merken, dass Sie dieses Gefühl nicht loswerden,*
- *Sie sich über das Verhalten anderer aufregen oder davon genervt sind,*
- *Sie ein Problem lösen wollen, für das Sie noch keine Lösung haben,*
- *Angriffe oder Vorwürfe Sie getroffen haben.*

Diese kleine Auswahl von Situationen, zeigt Ihnen auf, dass Sie mehrmals täglich Gelegenheit dazu haben, von Achtsamkeit zu profitieren. Ich hoffe, Sie ein wenig neugierig gemacht zu haben.

Apropos Neugier: Eine kleine Geschichte der Achtsamkeit und Meditation finden Sie hier: www.christian-bremer.de/geschichte.

Die positiven Wirkungen von Achtsamkeit

> Wenn ich die Wahl hätte, hätte ich lieber ein gesundes, flexibles Denken als einen gesunden, flexiblen Körper.

Weil Achtsamkeit mittlerweile zum Gegenstand wissenschaftlicher Forschung geworden ist, können Sie nachgewiesenermaßen in zwei Bereichen Veränderungen erwarten: auf geistiger Ebene und auf körperlicher Ebene.

! ***Positive Wirkung auf den Körper***

Auch wenn es auf den ersten Blick vielleicht unglaubwürdig wirkt und kaum vorstellbar ist: Es ist nachgewiesen, dass eine geistige Tätigkeit wie eine Achtsamkeitsmeditation sich auf körperliche Umstände auswirkt.

In Rehakliniken ist es beispielsweise mittlerweile an der Tagesordnung, zur Linderung von Herz-, Rücken- und Hautkrankheiten Übungen der Achtsamkeit und Meditation einzusetzen. Außerdem können die Schmerzen von chronisch Erkrankten reduziert werden.

Wenn Sie in nächster Zeit mehr Ruhe, Übersicht, frische Aktivität und Gelassenheit benötigen, können Sie mit den Prinzipien und Techniken aus diesem Buch Folgendes erreichen:

- tiefe Erholung und Auffrischung des eigenen Energielevels
- wieder mehr das Positive im Leben sehen
- erkennen, was Ihnen selbst wirklich wichtig ist, und Klarheit darüber erlangen, wie Sie es verfolgen und erreichen können
- den Umgang mit sich verbessern (weniger Abwertung seiner selbst, mehr Zeit für sich nehmen)
- neue Kraft und Zuversicht im Privaten und im Beruf

Wenn Sie mit diesem Buch und dem enthaltenen Trainingsprogramm Ihre Achtsamkeit weiterentwickeln, werden Sie in ganz verschiedenen Bereichen positive Veränderungen in Ihrem Leben erkennen:

- Sie werden grundsätzlich ruhiger, konzentrierter und öfters mehr bei der Sache sein.
- Sie werden überrascht feststellen, dass Sie einige Male von sich aus innehalten und grenzenlose Dankbarkeit empfinden. Einfach so.
- Sie werden von sich aus beginnen, sich noch bewusster, gesünder, frischer und ausgewogener zu ernähren.
- Sie werden morgens ausgeruhter aufwachen.
- Sie werden feststellen, dass eine Freundlichkeit, die irgendwie von irgendwo aus Ihnen herausströmt, dazu führt, dass Sie mit sich und mit anderen noch besser umgehen.
- Sie werden feststellen, dass eine bisher ungewohnte Lockerheit und Leichtigkeit entsteht. In Situationen, die Ihnen Sorgen gemacht oder die Sie früher auf die Palme gebracht haben, bleiben Sie heute ganz ruhig. Das Motto „Bleibt doch mal locker" scheint von Ihnen erfunden worden zu sein.
- Seien Sie nicht überrascht oder erschrocken, wenn Ihnen manches, was Ihnen früher sehr wichtig war, plötzlich weniger wichtig ist. Es kann also sein, dass es Ihnen früher sehr wichtig war, was andere über Sie denken. Auf einmal merken Sie, dass Ihnen die Meinung manch anderer egal ist oder Sie nicht mehr so sehr davon abhängig sind, was andere über Sie denken (könnten).

- Sehr wahrscheinlich werden Sie auch einige Male über Ihr eigenes Verhalten und Ihre Klarheit im Kontakt mit anderen überrascht sein. Das kann sich darin ausdrücken, dass Sie auf Fragen, die Sie früher (gegen Ihren eigentlichen Willen) mit „Ja, gerne!" beantwortet haben, nun in einem ruhigen, freundlichen und klaren Tonfall sagen „Nein danke".

Es ist wirklich faszinierend, welche massiven Änderungen im Alltag durch ein bisschen mehr Achtsamkeit auftreten. Oftmals schreiben mir meine Seminarteilnehmer einige Wochen nach dem Seminar, wie Achtsamkeit sich in ihrem Leben auswirkt. Manche sind tatsächlich vollkommen überrascht, wie sie sich verändern und wie sich ihre Wahrnehmung von der Welt zum Positiven wandelt.

Die Wirkung von Achtsamkeit: Der Nebel lichtet sich

Ein Dorf ist so sehr von dichtem Nebel umgeben, dass nur ein Kirchturm von tatsächlich mehreren vorhandenen Türmen zu sehen ist. Wenn sich der Nebel lichtet, erkennt der Betrachter des Dorfes vier oder fünf weitere Kirchtürme und hat so ein realitätsnäheres Bild vom Dorf.

Ein Ergebnis von Achtsamkeit kann darin bestehen, dass sich der Nebel lichtet und so der Blick frei wird: Sie sehen plötzlich weitere Türme, von denen Sie vorher gar nichts wussten. Sie erkennen, was bereits vorhanden ist, aber vorher unsichtbar war.

Auf den Punkt gebracht

Achtsamkeit und Meditation sorgen dafür, einen klaren Blick auf die Dinge zu haben. Sie sorgen dabei nicht nur für Gelassenheit und bessere Gesundheit, sondern auch für Einklang mit dem Leben sowie bessere Entscheidungen.

Beispiele für die Wirkung von Achtsamkeit im Beruf

Achtsamkeit macht frei, heil und ganz.

Wenn Sie Beruf und Achtsamkeit verknüpfen, können Sie innere Ruhe, Gelassenheit und Stressresistenz steigern. Ihnen wird es leichter fallen, zwischendurch einfach mal abzuschalten und zu entspannen. Nutzen Sie Achtsamkeit beispielsweise, um Ihre Klarheit zu steigern. Denn wenn Sie größere Klarheit über Ihren „alltäglichen Wahnsinn" haben, werden Sie noch entscheidungs- und handlungsfähiger.

Um für neue Aufgaben, mit denen Sie zunächst nichts anfangen können, eine schnelle intuitive und kreative Antwort zu finden, bietet eine Meditation zu größerer Achtsamkeit eine optimale Lösung. So können Sie lernen, Ihr intuitives Bewusstsein anzusprechen und zu nutzen – wann immer sie es brauchen. Gelassenheit und innerer Frieden steigern Ihre Lösungsfähigkeit, da Sie in Ruhe und ohne Hektik über das Problem oder die Herausforderung nachdenken können.

Unpünktlicher Mitarbeiter

Eine Führungskraft war ein halbes Jahr immer wieder davon genervt, dass ein Mitarbeiter sehr häufig einige Minuten zu spät aus der Pause zurückkam. Natürlich wurde das einige Male angesprochen, doch es hat nichts gebracht. Weil der Mitarbeiter aber grundsätzlich ein sehr wertvoller Mitarbeiter ist, beschloss die Führungskraft, sich nicht mehr darum zu kümmern. Das „Genervtsein" aber blieb. Nachdem die Führungskraft jedoch in den Situationen der Unpünktlichkeit des Mitarbeiters mit sich selbst und dem Mitarbeiter achtsam, also mehr bewusst wahrnehmend und weniger spontan wertend, umging, haben sich wie von Geisterhand nacheinander zwei Dinge geändert: Die Führungskraft blieb ruhig, freundlich und bei sich, und nach einigen Wochen kam der Mitarbeiter auf einmal pünktlich aus der Pause zurück.

Projektaufgaben werden nicht erledigt

Eine Projektmanagerin war immer wieder verärgert, weil die in Projektmeetings besprochenen Aufgaben oft zu spät oder gar nicht erledigt wurden. Weil die Projektmanagerin natürlich für den Projekterfolg mitverantwortlich gemacht wurde, war das für sie eine unangenehme Situation. Nachdem sie geübt hat, in Situationen, in denen sie von der mangelhaften Erfüllung der Aufgaben erfahren hat, achtsam zu sein, haben sich für sie zwei bedeutende Aspekte verändert: Einerseits blieb sie in den Besprechungen deutlich ruhiger, sachlicher, freundlicher und konstruktiver. Andererseits wurden die Aufgaben mit größerer und besserer Qualität abgeliefert. Die Achtsamkeit bestand vor allem darin, im Gespräch neben den eigenen Gedanken auch die eigene Atmung bewusst wahrzunehmen und dem Gefühl des Genervtseins nicht einfach unkontrolliert nachzugehen.

Verkäufer kooperieren nicht

Einem Vertriebsleiter war es wichtig, anhand von Zahlen und deren statistischer Auswertung (Anzahl der Neukundentelefonate, der Besuchstermine, der geschriebenen Angebote etc.) zu erkennen, was in seinem Verantwortungsbereich noch besser gemacht werden kann. Obwohl er diesen Wunsch über ein halbes Jahr immer wieder deutlich geäußert hatte, wehrten sich seine Verkäufer gegen eine Berichterstattung. Natürlich störte ihn das und es machte ihn zum Teil auch wütend. In einigen Meetings wurde er laut und drohte mit „schlimmeren Maßnahmen". Wirklich gebracht hat das nichts.

Was wirklich etwas gebracht hat, war seine Entscheidung für Achtsamkeit. Er hat sich Folgendes angewöhnt: Während er sich die Lücken in der Berichterstattung ansieht, wendet er Übungen der Achtsamkeit an, bevor er agiert. Dies führte zu Veränderungen in zwei Bereichen – Sie werden es sich denken können: Einerseits blieb er ruhiger, wenn er diese Lücken entdeckte, andererseits bemühten sich die Mitarbeiter im Laufe der Zeit immer mehr, um seinen Wunsch nach mehr Zahlen zu erfüllen.

Auch in meinem Leben, beruflich wie privat, habe ich bereits ganz häufig erlebt, dass genau diese Vorteile durch Achtsamkeit entstehen können: massive Veränderungen innen wie außen. Achtsamkeit scheint anzustecken.

Auf den Punkt gebracht

Die eigene Achtsamkeit kann sogar das Verhalten von anderen beeinflussen.

Wie wertvoll Achtsamkeit für Sie sein kann

Unter Achtsamkeit schauen wir uns ohne Bewertung an, was ist, und gehen dann damit um.

Die Beantwortung der folgenden 16 Fragen hilft Ihnen dabei herauszufinden, wie hilfreich es für Sie sein könnte zu meditieren und Ihr Leben noch achtsamer zu gestalten. Bitte lesen Sie jede Frage in aller Ruhe durch und antworten Sie nicht vorschnell. Lassen Sie sich Zeit.

Nr.	Aussage	Ja/Nein
1	Sie stehen morgens häufiger unausgeruht auf und halten Ihren Wecker meistens für ein modernes Folterinstrument.	J
2	Der Gedanke an Ruhe, Erholung und Übersicht lässt Sie innerlich glücklich lächeln.	J
3	Wenn Sie anderen Menschen mit einer ruhigen und besonnenen Ausstrahlung sehen, merken Sie, dass Sie sich diese auch wünschen.	J
4	Sie haben den Geburtstag einer Ihnen wichtigen Person vergessen. Oder Ihren eigenen.	N
5	In den letzten Wochen haben Sie zu niemandem etwas Freundliches gesagt, das aus Ihrem tiefsten Herzen kam.	N
6	Sie können sich nicht vorstellen, 30 Minuten still zu sitzen.	N
7	Sie suchen einen erweiterten, tieferen Sinn im Leben.	J
8	Sie lieben die Stille, erleben sie aber zu selten.	J

Nr.	Aussage	Ja/Nein
9	Sie haben in den letzten Wochen einige Male gesagt „Ich habe zu viel zu tun". (Sie haben diesen Satz entweder laut gesagt oder für sich gedacht.)	J
10	Sie haben in letzter Zeit immer wieder mal Gegenstände beschimpft (z. B. „Dieser blöde Schrank, muss der hier im Weg stehen!?!").	N
11	Sie sprechen zu sich öfter mal abwertend in der dritten Person (z. B. „Das ist ja wieder mal typisch Christian!").	N
12	Sie können jetzt nicht genau sagen, wann Sie das letzte Mal eine längere Zeit wirklich Urlaub gemacht haben.	N
13	Wenn Sie einen Arbeitskollegen mit geschlossenen Augen ruhig am Schreibtisch sitzen sehen, denken Sie: „Oh wie schön, er denkt in Ruhe nach oder erholt sich für einen Augenblick."	J
14	Sie möchten Ihre eigene Persönlichkeit auch für sich selbst (nicht nur für Arbeit und Karriere) weiterentwickeln.	J
15	Sie beschweren sich häufiger darüber, nie Zeit für sich zu haben (laut ausgesprochen oder im inneren, stillen gedanklichen Monolog).	J
16	Sie beschimpfen während der Autofahrt regelmäßig andere Autofahrer, Fahrradfahrer oder Fußgänger.	J

Je öfter Sie ein inneres „Ja" gefunden haben, desto mehr werden Sie davon profitieren, mehr Achtsamkeit in Ihr Leben zu lassen. Denn Achtsamkeit hilft Ihnen nicht nur dabei, Ihren grundsätzlichen Stresslevel (Sie können ihn auch Genervtheits-, Ärger-, Druck- oder Zeitnotlevel nennen) zu reduzieren. Darüber hinaus unterstützt er Sie auch dabei, situativ nicht so angreifbar zu sein.

Idee

Vielleicht haben Sie ja Lust, diesen kleinen „Test" am Ende des 21-Tages-Programms erneut durchzuführen. Ich kann mir gut vorstellen, dass Sie dann häufiger als jetzt ein ehrliches „Nein" finden.

Wie Sie Achtsamkeit entstehen lassen

Achtsamkeit braucht bloß einen Wimpernschlag Stille.

Die „Lücke" als Geburtsort der Achtsamkeit

In meinen Vorträgen und Seminaren erläutere ich Achtsamkeit sehr gerne mit diesem Satz: „Achtsamkeit passiert in der kleinen, stillen Lücke."

- In der Lücke zwischen der Aussage eines Gesprächspartners und Ihrer Antwort. In der Lücke, die Sie brauchen, um sich kurz zu überlegen, ob das, was Ihnen auf der Zunge liegt, wirklich ausgesprochen werden will. In der Lücke, die zwischen einer spontanen Idee und der sie ausführenden Handlung liegt.
- In der kleinen Lücke, die Sie brauchen, um zu erkennen, dass Ihre Sorgen Gedanken in Ihrem Kopf sind. Sorgen sind nichts als Annahmen über eventuelle Geschehnisse in der Zukunft. Diese Lücke können Sie nutzen, um die Sorgen zu nutzen („Was kann ich tun, um das Risiko zu reduzieren?"), ohne sich von ihnen einengen zu lassen.
- Die Lücke, die Sie brauchen, um zu erkennen, was der ständige Strom der Gedanken gerade so zu bieten hat. Um sich dann aufgrund dieses kleinen Momentes der Achtsamkeit bewusst dafür zu entscheiden, ob Sie dem

Strom der Gedanken folgen und ihm glauben wollen oder ob Sie das nicht wollen.

Damit entscheidet Ihre Bereitschaft, dieser Lücke kurz Beachtung zu schenken und Raum zu geben, z. B. über so wichtige Unterschiede wie

- angreifendes oder sachliches Ansprechen von dem, was Sie stört,
- riskantes, unüberlegtes Handeln oder durchdachtes Handeln mit Herz und Verstand,
- sich nicht trauen, Nein zu sagen, oder es dann doch auf eine souveräne und respektvolle Weise zu tun.

! Achtsamkeit braucht nicht mehr als Ihre Bereitschaft, für einen Moment innezuhalten. Entscheiden Sie sich.

Achtsamkeit als „Zustand"

Erinnern Sie sich an eine Situation, in der Sie eher lustlos zur Arbeit gingen? Und kennen Sie Situationen, in denen Sie es vor Freude und Aufregung kaum aushalten konnten, zur Arbeit zu gehen? Natürlich, denn das hat jeder mal. In beiden Situationen waren Sie in einem anderen „State", einem anderen „Zustand". So ein Zustand drückt sich in Körpersprache (Haltung, Stimme, Atmung etc.) aus und entsteht vor allem durch eine Geisteshaltung (was Sie von dem Arbeitstag erwarten, ob Sie Lust auf die Aufgaben haben etc.).

Achtsamkeit ist auch ein möglicher Zustand. Denn entweder Sie sind jetzt, in diesem Moment, achtsam oder Sie sind es nicht. Sie können nicht morgen achtsam sein. Das können Sie sich zwar vornehmen, aber sein können Sie es nur heute, jetzt, hier beim Lesen. Zum Glück haben wir Menschen, im Gegensatz zum Tier, die Fähigkeit, unseren State zu verändern.

Achtsamkeit ist eine Entscheidung, die einen kurzen Augenblick Zeit braucht, um bewusst und damit achtsam getroffen zu werden.

Achtsamkeit am Beispiel Streiten

Wenn Sie sich in einem hitzigen Streitgespräch befinden, können Sie das übliche Programm der meisten Menschen dafür wählen (spontane, unüberlegte Aussagen, die zu Vorwürfen, Widerstand und Abwertung führen) oder sich dafür entscheiden, achtsam zu streiten.

Wenn Sie einen Augenblick innehalten (wie Sie das konkret schaffen, erfahren Sie hier noch) und sich bewusst für einen „achtsam geführten Streit" entscheiden, ändern Sie Ihren Zustand. Und damit ändert sich alles.

Denn wenn Sie achtsam streiten, haben Sie eine völlig andere Vorgehensweisen als üblich: Sie hören dem anderen besser zu, nehmen Ihre Gedanken wahr, Sie suchen das Verbindende, sprechen die Unterschiede ruhig an und sehen, dass der andere Ihnen in seinen Bedürfnissen sowie Denk- und Verhaltensweisen in Teilen sehr ähnlich ist.

! *Achtsam streiten*

Ich verspreche Ihnen aus eigener Erfahrung: Wenn Sie sich dafür entscheiden, auch im Streit achtsam zu sein, ist es möglich, Streit friedlich, still und aktiv zu erleben.

Doch dies gilt natürlich nicht nur für Ihren achtsamen Zustand im Streit, sondern auch für Ihren achtsamen Zustand

- im Stau, der Sie zu spät kommen lassen wird,
- bei heftigen Sorgen, die Sie sich um andere machen,
- im Falle von Vorwürfen, die Sie persönlich treffen.

Dies sind nur einige wenige Situationen, in denen Sie mit der bewussten Wahl für einen achtsamen Zustand eine Situation komplett zum Positiven, Konstruktiven und damit Guten verändern.

Auf den Punkt gebracht

Gewöhnen Sie sich an, einen kurzen Augenblick innezuhalten. Steigern Sie Ihre Fähigkeit, mit Achtsamkeit aus Weisheit und Ruhe heraus bewusste Entscheidungen zu treffen. Reduzieren Sie automatische Reaktionen, die aus dem Stress kommen.

Metaphern zur Beschreibung von Achtsamkeit

Achtsamkeit surft auf den Wellen des Verstandes, Unachtsamkeit lässt sich von ihnen mitreißen.

Achtsamkeit lässt sich in ihrer ganzen Bedeutung und Mannigfaltigkeit nicht in einem einfachen Satz erläutern. Allerdings können sprachliche Bilder sehr gut dabei helfen, eine Idee davon zu entwickeln, was Achtsamkeit eigentlich ist. Dafür finden Sie hier ein Angebot von verschiedenen Metaphern.

Seien Sie Reiter, nicht Pferd

Verwechseln Sie nicht Ross und Reiter: In Achtsamkeit sind Sie der Reiter und der Verstand ist Ihr Pferd. In Achtsamkeit haben Sie die Führung, anstatt geführt zu werden. In Unachtsamkeit sind Sie das Pferd und Ihr Verstand ist der Reiter. Dann lassen Sie sich von Ihren inneren Bildern, Gedanken und Geschichten lenken, die sich in Ihrem Verstand abspielen.

Wenn Sie achtsam wahrnehmen, was in Ihrem Kopf gerade so los ist, übernehmen Sie langsam die Zügel und bestimmen, wo es langgeht. Um Reiter und nicht Pferd zu sein, seien Sie Beobachter dessen, was in Ihrem Kopf so los ist. Und das ist Meditation.

Der dunkle Raum

Stellen Sie sich vor, Sie stehen mitten in einem dunklen, Ihnen unbekannten Raum. Es ist so dunkel, dass Sie die eigene

Hand nicht vor Ihren Augen sehen können. Sie haben keine Vorstellung vom Raum: Gibt es Türen und Fenster? Wie hoch ist der Raum? Sie wissen nicht, was um Sie herum ist, wie groß der Raum ist und ob der Raum Gefahren wie große Löcher birgt oder nicht. Sie können sich nur tastend fortbewegen und laufen ständig Gefahr, sich dabei zu stoßen oder etwas Wertvolles umzuwerfen. Allerdings suchen Sie eine kleine Kiste, die irgendwo im Raum sein soll. Wahrscheinlich ist eine solche Situation für Sie eher unangenehm.

Stellen Sie sich nun vor, Sie haben ein kleines Teelicht, das Ihnen etwas Licht verschafft. Nun sehen Sie ungefähr einen halben Meter weit und können in dieser Zone erkennen, was sich dort jeweils befindet. Den Lichtschein können Sie nicht lenken, außer Sie bewegen das Teelicht im Raum hin und her. Sie wissen noch nicht, was sich im gesamten Raum befindet. Wahrscheinlich ist diese Situation schon etwas angenehmer, aber wohl werden Sie sich bei der Suche nach Ihrer Kiste nicht fühlen.

Nun haben Sie eine starke Taschenlampe, deren Lichtstrahl Sie lenken können. Auf diese Weise können Sie nicht den gesamten Raum auf einmal sehen, aber immerhin können Sie sich ein Bild davon verschaffen, indem Sie für einige Zeit im Raum herumleuchten. Stück für Stück erkennen Sie nun, wo Sie sind. Dies wird Ihnen Sicherheit geben und die Suche nach der kleinen Kiste erleichtern.

Jetzt stellen Sie sich vor, der Strahl Ihrer Taschenlampe huscht über einen Lichtschalter, Sie gehen dorthin und bedienen ihn. Das Licht geht an und der Raum wird hell. Nun können Sie alles zugleich sehen: die Größe des Raumes, die Deckenhöhe, den Bodenbelag, Regale, Fenster, weitere

Lichtschalter, Sie sehen alle Gegenstände im Raum und die Tür. Sicherlich wird Ihnen das nicht nur angenehm sein, sondern auch Ihre Suche nach der kleinen Kiste erleichtern. Außerdem können Sie jetzt den Raum auch leicht verlassen und genau sehen, wie es außerhalb aussieht.

Abschließend stellen Sie sich nun bitte vor, dass der angenehm helle Raum keine Wände aus Stein hat, sondern aus durchsichtigem Glas, die Fenster sind offen, die Tür ist auch offen und um den Raum herum ist eine lichtdurchflutete, helle, wunderschöne Landschaft. Sie sehen sich um und haben dabei das Gefühl von Leichtigkeit und Glück.

In der Metapher stehen die unterschiedlichen Stärken des Lichtes und dessen Lenkbarkeit für die unterschiedlichen Stärken Ihrer Achtsamkeit.

Achtsamkeit im Gespräch

Wenn Sie beispielsweise in einem Gespräch mit einigen Kollegen über ein Projekt mit den Gedanken ganz woanders sind, kriegen Sie nichts vom Raum (= dem Gesprächspartner mit seinen Absichten, Ihren eigenen Interessen, dem Gesprächsklima) mit, in dem Sie sind. Wenn Sie Ihren „State" ein wenig in Richtung Achtsamkeit lenken (= zwischendurch präsent sind und sich fragen „Was passiert hier gerade?"/ „Was geht in mir vor?"), kriegen Sie mehr von dem mit, was gerade um Sie herum und in Ihnen passiert.

Je größer Ihre Achtsamkeit wird, desto mehr nehmen Sie am tatsächlichen Leben teil. Achtsame Menschen können einerseits die eigenen Gedanken wahrnehmen („Was ist in meinem Kopf gerade los?", „Wo bin ich mit meinen Gedanken?"). Und sie können andererseits das wahrnehmen, was gerade tatsächlich passiert („Was passiert hier gerade?“, „Mit wem spreche ich?“). Und vor allem: Sie sind sich ihrer selbst bewusst. Sie bekommen Ihre eigenen Gefühle mit, Ihr eigenes Verhalten, Ihre eigenen Wünsche und Anliegen. Diese können wahrgenommen werden und dann kann sich eine achtsame Person dafür entscheiden, welche dieser Aspekte vielleicht angesprochen werden wollen – und auf welche Weise sie angesprochen werden wollen.

Die Restaurant-Metapher

Eine weitere Möglichkeit, den Begriff „Achtsamkeit“ genauer zu begreifen, besteht in folgendem Bild: Wenn Sie in einem Restaurant gerade die Hauptspeise essen und dabei bereits an die Nachspeise denken, sind Sie in diesem Augenblick nicht achtsam. Denn die Gedanken an die Nachspeise machen es Ihnen unmöglich, den Geschmack der Hauptspeise bewusst wahrzunehmen und sich an ihr zu erfreuen. Wenn Sie darüber hinaus noch überlegen, warum der Kellner bloß so unfreundlich ist, sind Sie auch nicht achtsam. Wenn Ihnen dann die Rechnung zu hoch erscheint und Sie das ganze Essen für schlecht halten, ist das die logische Folge Ihrer Unachtsamkeit. Sie haben das Essen verpasst. Denn Sie waren überall, außer im wirklichen Moment.

Wenn Ihnen das manchmal passiert, ist das meiner Ansicht nach normal und völlig okay. Das passiert mir auch, obwohl ich mich mit diesen Themen seit vielen Jahren beschäftige. Wenn Sie aber dazu neigen, gedanklich eher woanders zu sein als im jetzigen Moment, verpassen Sie die Gegenwart. Und damit verpassen Sie Ihr Leben. Ich finde das nicht erstrebenswert.

Achtsamkeit und Autofahren

Ist es Ihnen auch schon mal passiert, dass Sie eine Autobahnausfahrt verpasst haben oder angekommen sind und sich wundern, dass Sie schon da sind? In beiden Fällen haben Sie die Fahrt verpasst. Gedanklich waren Sie woanders. Wenn Sie sich bewusst dazu entschieden haben, weil Sie über etwas nachdenken oder ein Problem lösen wollten, mag das ja Ihr Wille gewesen sein. Die Unfallgefahr steigt trotzdem.

Ich sorge möglichst oft dafür, mit meiner Achtsamkeit im jetzigen Moment zu sein, denn mehr als diesen habe ich nicht. Wenn ich viele Momente verpasse, verpasse ich mein Leben. Natürlich kann ich mehrere Dinge gleichzeitig tun und manchmal mache ich das auch. Beispielsweise unterhalte ich mich beim Essen mit anderen oder telefoniere während der Autofahrt. Allerdings merke ich immer wieder, dass so die Qualität und die Ergebnisse beider Handlungen leiden.

Daher lade ich Sie dazu ein, in Lockerheit und Leichtigkeit eine Balance anzustreben, in der Sie immer wieder aufmerksam dafür sind, ob Sie gerade ausreichend im Moment leben und mitbekommen, was das Leben gerade zu bieten hat. Stellen Sie eine Balance von „Wo bin ich mit meinen Gedanken?" und „Was erlebe ich in diesem Moment?" her. Wenn Sie das einige Male getan haben, werden Sie merken, dass Sie so in eine Art Fließgleichgewicht geraten und im Laufe der Zeit immer wieder in den Moment eintauchen, den das Leben Ihnen gerade schenkt. Wenn Sie immer wieder in Gedanken abdriften, sich nicht wohlfühlen und „Affen im Kopf" haben, also wirre Gedanken, die dort hin- und herflitzen, können Sie die Techniken der Achtsamkeit verwenden, um sich dem jetzigen Moment im Leben zu öffnen.

Übung: Den Billardtisch in Balance bringen

Mit Achtsamkeit können Sie für Ihr inneres Gleichgewicht sorgen. Stellen Sie sich vor, dass Ihr inneres Gleichgewicht einem Billardtisch entspricht. Sobald sich dieser nach einer Seite neigt, ist ein Spiel unangenehm. Prüfen Sie immer wieder im Tagesablauf, ob Ihr „innerer Billardtisch" in Balance ist und korrigieren Sie bei Bedarf.

Achtsamkeit ist kein Gegenstand wie beispielsweise ein Auto oder ein Tisch, der sich mit relativ einfachen Worten beschreiben lässt. Achtsamkeit ist etwas Magisches, zugleich aber auch Natürliches, Herrliches, das sich in Sprache nicht 1 : 1 erläutern lässt. Denn Worte sind nur Zeiger, Hilfsinstrumente, Brücken, um auf etwas hinzuweisen, das außerhalb von Sprache existiert.

Das, was Sie mit Achtsamkeit erleben, findet auch außerhalb von Wissen statt.

Wahrscheinlich klingt das für Sie seltsam oder irritierend, deshalb lade ich Sie zu einem kleinen Experiment ein:

Übung: Probieren Sie Folgendes aus:

Schließen Sie die Augen und nehmen Sie Ihre Hände auf den Rücken. Fragen Sie sich jetzt: „Wie kann ich mit geschlossenen Augen wirklich zu 100 % wissen, dass meine Hände noch da sind?" Gar nicht. Um wirklich zu wissen, ob Ihre Hände noch da sind, müssen Sie Ihre Augen öffnen, um nachzuschauen.

Probieren Sie nun einmal mit weiterhin geschlossenen Augen aus, ob Sie Ihre Hände noch spüren können, um sich ihrer Anwesenheit zu vergewissern. Fragen Sie sich dafür: „Kann ich meine Hände spüren?" Natürlich können Sie das. Auf diese Weise können Sie sich vergewissern, dass sie noch da sind.

Wenn Sie dieses kleine Experiment durchgeführt haben, konnten Sie merken, dass das „Wissen" zur Lösung der Aufgabe begrenzt und nicht die „Lösung" war. So ist es auch bei Achtsamkeit. Es geht nicht um Wissen, sondern um Gefühl und ein Spüren.

Auf den Punkt gebracht

Achtsamkeit steht für Wachsamkeit, ein „Ja zum Leben" und beschreibt, wo Sie mit Ihren Gedanken sind. Bewusst bei dem, was gerade um Sie herum passiert oder unbewusst bei dem, wohin Ihr Gedankenstrom Sie führt.

Achtsamkeit als Reise ins Innere

Achtsamkeit ist eine Entdeckungsreise mit einem schönen Ziel: das Innere.

Üblicherweise suchen die meisten Menschen die Ursachen für Stress oder Unwohlsein in der „äußeren" Welt, also z. B. bei anderen. Die Sprache zeigt es: „Ich bin so enttäuscht, weil mich Peter im Stich gelassen hat." Der erste Teil des Satzes zeigt das Gefühl im Inneren, der zweite Teil nennt den Grund dafür im außen. Realistisch betrachtet, müsste es aber heißen: „Ich bin so enttäuscht, weil ich denke, dass Peter mich im Stich gelassen hat." Im Außen ist etwas passiert, was ich als „im Stich lassen" deute. Nicht das Verhalten von Peter (außen), sondern meine Interpretation davon, die ich selbst mit meinen Gedanken vornehme (innen), lässt mich so fühlen.

! Überlegen Sie: Seien Sie mal enttäuscht, ohne zu denken. Ist das möglich?

Es ist ein großer Unterschied, ob ich die Ursache für meine Gefühle bei anderen oder bei mir in meinen Gedanken suche.

Achtsamkeit lenkt den Fokus auf mich und das, was in meinem Verstand soeben passiert. Auf diese Weise bin ich nicht mehr Opfer der anderen, sondern sehe mich als aktiv handelndes Wesen, dessen Innenwelt z. B. unter Stress unangenehme Gefühle produziert.

! Die wahre Ursache für Stress und andere unangenehme Gefühle finden sich nie bei anderen, auch wenn wir aus Gewohnheit dazu neigen, da zuerst zu suchen. Die wahre Ursache erkennen wir in Achtsamkeit: Es sind unsere Gedanken.

Wie die Reise gelingt

Viele Menschen leben tagsüber schlafwandelnd in einem Traum, getrennt von der wirklichen Welt. Nachts schlafen sie.

Achtsame Menschen unterscheiden sehr wach zwischen

- der äußeren, materiellen, objektiv vorhandenen Welt,
- den inneren, immateriellen, subjektiven Interpretationen der äußeren Welt durch Gedanken und

- den subjektiven Gefühlen, die durch die Gedanken über die Welt entstehen.

Es gibt an sich keine „guten" oder „schlechten" Gefühle.

Ohne unsere Bewertung sind Gefühle einfach da. Angst, Wut, Enttäuschung sind im beruflichen Umfeld (da geht es meistens nicht um „Leben und Tod") kein Problem, wenn wir sie zulassen und willkommen heißen. Ein Problem entsteht dann, wenn wir zum Beispiel das Gefühl haben, zeitlich unter Druck zu stehen, – und wir dieses Gefühl nicht haben wollen.

Seitdem ich dieses Weltbild begriffen und verinnerlicht habe und es zu meinem täglichen Leitfaden zur Wahrnehmung meines Lebens geworden ist, musste ich meiner Skala für Glück, Gelassenheit und persönlicher Erfüllung einige neue Zahlen hinzufügen. Denn es sprengt meine Vorstellungskraft von dem, was an Glück im Leben möglich ist, noch immer täglich.

Es ist alles perfekt, außer Sie sehen es anders. Denn wenn Sie glauben, irgendwas ist falsch, dann ist irgendwas falsch.

Damit Sie erkennen können, welche befreiende Wirkung diese Sichtweise hat und welches tiefe Glück sie ermöglichen kann, gebe ich Ihnen ein Beispiel:

> *Eine Teilnehmerin an einem meiner Seminare zum Thema Achtsamkeit hat vier Wochen vor dem Seminar geheiratet. Von diesem üblicherweise schönen Ereignis im Leben hat sie in den beiden Seminartagen immer wieder erzählt. Doch die Art und Weise, wie sie davon erzählt hat, hat nicht nur mich irritiert, sondern auch und vor allem die anderen Teilnehmenden. Denn: Es war der schlimmste Tag ihres Lebens. Hier ein paar der Dinge, die sie völlig frustriert haben:*
>
> - *„Der Brautstrauß war hässlich."*
> - *„Die Limousine war zu klein und nicht sauber genug."*
> - *„Der Pastor war nicht vorbereitet."*
> - *„Das Essen war zu kalt."*
> - *„Der Fotograf war untalentiert."*
> - *Und natürlich war das Wetter auch „schrecklich".*

All diese Dinge konnte sie uns in den Seminarpausen nicht nur mehrfach im Detail erläutern, sondern auch mit Fotos belegen. Ich habe ihr angesehen, dass sie leidet.

Daher habe ich sie gefragt, ob sie diese Situation aus Sicht der Achtsamkeit betrachten möchte, was sie gerührt bejahte. Kein Mensch will leiden.

Inhaltlich umfasste das Gespräch dann ungefähr das, was ich Ihnen jetzt hier aufschreibe, damit Sie die Perspektive der Achtsamkeit begreifen und für sich nutzen können.

Die Ebene der Wirklichkeit

Das wirkliche Geschehen, das die Teilnehmerin unglücklich macht, ist vorbei. Unveränderbar, in Wirklichkeit abgeschlossene Vergangenheit. Natürlich ist da etwas objektiv passiert, allerdings sind diese Vorkommnisse nicht die Ursache für ihr Leid, ihren Kummer und ihre schmerzhafte Enttäuschung. Wie kann etwas, das einige Wochen her ist, in der Wirklichkeit heute noch die Ursache für Gefühle sein? Unmöglich! Sie kann an der Vergangenheit nichts mehr ändern – und es wäre vielleicht für sie gesünder, sie einfach stehen zu lassen.

Die Ebene der Gedanken

Die Interpretation der damaligen Wirklichkeit ist allerdings noch sehr lebendig. Hier leben Erwartungen an den Brautstrauß, an das Wetter, den Pastor etc. weiter. Erwartungen sind allerdings keine Wirklichkeit, sondern Gedanken, Meinungen, immaterielle Ideen des Verstandes. Diese Erwartungen werden von ihr immer noch hochgehalten und als Vorgabe für die Wirklichkeit genommen: „So, wie ich es will, soll es sein."

> Der Wirklichkeit sind menschliche Erwartungen egal. Im Leben passiert, was passiert. Wir können nicht alles kontrollieren und dafür sorgen, dass alles so ist, wie wir es haben wollen.

!

Der Mensch mag sich das zwar wünschen, es ist aber unmöglich und an sich unlogisch: Wie sähe eine Welt aus, in der sich jeder Mensch wünschen kann, dass die Welt nur aus seinen Erwartungen besteht? Sie sehen, dass unser Konzept von Erwartungen unsinnig ist, wenn wir es bis zum Ende durchdenken. Die Teilnehmerin konnte erkennen, dass sie mit ihren Erwartungen einen Krieg mit der Wirklichkeit führt, den sie in jedem Fall verlieren wird.

Die Ebene der Gefühle

Eine bestimmte Interpretation, eine bestimmte Meinung von der Wirklichkeit führt zu bestimmten Gefühlen. Eine positive Interpretation führt zu positiven Gefühlen, eine negative zu negativen Gefühlen.

> **!** ***Erst der Gedanke, dann das Gefühl***
>
> Seien Sie mal im beruflichen und privaten Umfeld dauerhaft gestresst, unzufrieden, verärgert oder voller Sorge, ohne zu denken. Es geht nicht.

Es ist also nicht der Brautstrauß, das Wetter oder die Frisur des Pfarrers, der sie so traurig und aufgeregt macht, sondern es sind ihre Gedanken über diese Dinge, die traurig machen und aufregen. Aus Sicht der Achtsamkeit gibt es hierfür einen deutlichen und auf der Hand liegenden Beweis: Nehmen wir an, dass 50 Gäste eingeladen waren. Dann haben 50 Gäste 50 Meinungen vom Wetter, dem Brautstrauß und dem Pfarrer. Alle haben eine einzige Wirklichkeit erlebt, doch was sie wirklich erlebt haben, waren 50 verschiedene Wirklichkeiten. Was wirkt, ist nicht die Wirklichkeit an sich, sondern die jeweilige gedankliche Interpretation der Wirklichkeit. Alle werden den Brautstrauß nicht hässlich gefunden haben. Den meisten wird die eventuell schlechte Vorbereitung des Pfarrers gar nicht aufgefallen sein.

Die Essenz

Aus Sicht der Achtsamkeit geht es darum, zwischen diesen drei Dingen laserscharf zu unterscheiden:

- Wirklichkeit
- gedankliche Interpretation der Wirklichkeit
- Gefühl aufgrund der Interpretation

In unserem Gespräch wurde ihr im Laufe der Zeit klar, welche Bedeutung ihr eigener Beitrag zu ihrer Misere hat. Natürlich ist das weder für sie in ihrer Situation noch für uns in unseren Beispielen einfach. Allerdings ist der Zugang zu einer glücklichen Hochzeit auch noch lange nach Abschluss über eine Differenzierung dieser drei Aspekte möglich.

Auf den Punkt gebracht

Wenn Sie sich nicht wohlfühlen, halten Sie inne. Das Gefühl will Ihnen sagen: „Hey, es ist Zeit für Achtsamkeit." Nehmen Sie getrennt von Gefühlen und Gedanken möglichst präzise und objektiv wahr, was in Wirklichkeit passiert. Lenken Sie dann Ihre Aufmerksamkeit auf Ihre innere Welt der Gedanken, Meinungen und Interpretationen. Erkennen Sie, welche Gedanken Sie über die Wirklichkeit haben.

Wahrscheinlich klingt das jetzt neu oder schwierig für Sie. Jedoch kann ich Ihnen versprechen, dass dieses Weltbild, zu dessen Überprüfung auf seinen Wahrheitsgehalt ich Sie einlade, Ihnen die Quelle zum Glück des Lebens ermöglicht.

Wenn Sie es einige Male überdacht und auf vergangene Situationen angewendet haben, werden Sie etwas Wundervolles feststellen: Sie können diese Perspektive in der Situation anwenden, in der Sie sich unwohl fühlen.

Es ist übrigens leichter als gedacht: Stellen Sie sich nach einer kleinen Pause (die „stille Lücke") diese drei Fragen und Sie können zwischen den drei Aspekten unterscheiden:

- „Was ist in Wirklichkeit/in der Realität passiert?"
- „Was sind meine Gedanken und Meinungen über die Wirklichkeit?"
- „Welche Gefühle sind gerade in mir lebendig?"

Ein größeres Geschenk als diese Unterscheidung gibt es im Leben nicht. Denn das Geschenk, das Sie sich damit selbst bereiten, ist Ihre eigene emotionale Unabhängigkeit von objektiven Dingen in Ihrem Leben, die Sie nicht verändern können. Manche nennen das Erleuchtung. Ich nenne es Glück.

Lesen Sie im Folgenden, mit welchen Tugenden Sie dieses Weltbild aus Sicht der Achtsamkeit in Ihrem Leben umsetzen können.

Was Sie jetzt tun können

- *Suchen Sie sich eine Situation aus Ihrem Leben, mit der Sie noch nicht ganz „im Reinen" sind. Schreiben Sie sich dann auf ein Blatt Papier die drei Begriffe „Wirklichkeit", „Gedanke", „Gefühl" und ordnen Sie schriftlich die einzelnen Aspekte der Situation in Stichworten zu. Was ist in Wirklichkeit passiert (Zahlen, Daten, Fakten)? Was sind Ihre Gedanken über die Wirklichkeit? Was sind Ihre Gefühle in dieser Situation?*

- *Führen Sie das mit mehreren weiteren Situationen aus Ihrem Privat- und Berufsleben durch, damit diese dreifache Wahrnehmung für Sie immer mehr zur Gewohnheit wird.*

Die vier Prinzipien der Achtsamkeit

Du kannst nicht mit Kreide in Stahl ritzen.

In den letzten Jahren hatte ich glücklicherweise oft die Gelegenheit, immer wieder achtsame Menschen zu erleben und zu interviewen. Natürlich existieren da viele Unterschiede, denn es gibt ja nicht „die" Achtsamkeit schlechthin.

Allerdings konnte ich einige Ähnlichkeiten entdecken, die Ihnen zum Aufbau Ihrer eigenen Achtsamkeit als Leitlinie und Orientierung dienen können.

Die meiner Erfahrung nach häufigsten Denk- und Verhaltensweisen achtsamer Menschen sind neben dem bewussten Wahrnehmen der eigenen Gefühle („Wie fühle ich mich jetzt, in diesem Augenblick?") ein achtsames Bewusstmachen von Atmung, Manipulation und Angelegenheiten. Im Folgenden zeige ich Ihnen auf, wie Sie durch eine bewusste Wahrnehmung und ein Erspüren der jeweiligen Aspekte Kontakt zu sich und Ihrer inneren Ruhe aufnehmen können. Machen Sie es wie wir „Profis", denn wir kochen auch nur mit Wasser.

Häufiges Spüren der Atmung

Wie Sie später noch genauer lesen können, stellt die Atmung für uns Menschen den Zugang zur Seele dar. Mit ihr gelangen wir auf direktem Weg zu uns selbst, zur inneren Kraft und zu „unserer Mitte".

Achtsame Menschen machen sich daher immer wieder bewusst, ob sie noch atmen und wie sie atmen. Damit lenken sie ihre Aufmerksamkeit für einen Augenblick weg von den täglichen Problemen und Herausforderungen auf sich und ihr Inneres. So entsteht neue Kraft zum Umgang mit diesen.

Gedankliche Feinschmecker: Gedanken als Gedanken wahrnehmen

Fehlende Klarheit ist der Grund für Leiden.
Klarheit ist der Zugang zum Glück.

Wahrscheinlich kennen Sie das Sokrates zugeschriebene Zitat „Ich weiß, dass ich nicht weiß".

Hier fehlt kein „s", im Original heißt es „nicht" und nicht „nichts". Dies ist eine wichtige Feinheit: Sokrates sagt also nicht, dass er nichts weiß, sondern, dass er sich nicht sicher sein kann, ob das, was er zu wissen glaubt, so objektiv stimmt.

Circa 2.500 Jahre nach seinem Tod wurde dies durch moderne Hirnforschung belegt: Wir schaffen unser eigenes Bild der Wirklichkeit und ergänzen die objektiv vorhandenen Fakten durch unsere Meinungen, Vorerfahrungen, Interpretationen, Stimmungen und Vorurteile. Das ist natürlich völlig in Ordnung. Der Punkt dabei ist, dass wir unser Wissen als das wahrnehmen sollten, was es ist: weich, nicht hart. Subjektiv, nicht objektiv. Es ist eine Annahme, keine „Wahrheit". Es ist eine von mehreren möglichen Sichtweisen und nicht die eine, für alle geltende Sichtweise der Dinge.

Achtsame Menschen sind sich bewusst, dass sie keinen direkten Zugang zur Realität haben, sondern „nur" über ihr Denken. Gegen das Gefühl des Gestresstseins kann ich erst einmal nichts tun – außer meine Gefühle achtsam wahrzunehmen und zu überlegen, welche meiner Gedanken zu ihnen führen.

Immer wieder konnte ich in meinen Gesprächen beobachten, dass achtsame Menschen sich dessen bewusst sind und zwischen dem, was sie denken und dem, was in Wirklichkeit ist, trennen.

Bei mir klingt das dann im inneren Dialog der Achtsamkeit beispielsweise so: Soeben dachte ich,

- *dass die Familienfeier am Wochenende keinen Spaß machen wird. Aber kann ich das wirklich wissen? Nein, es ist meine Annahme.*
- *dass mich mein Kollege im Stich gelassen hat. Aber kann ich wirklich wissen, dass er mich im Stich gelassen hat?*
- *dass das Projekt im Chaos versinken wird. Aber kann ich das wirklich wissen?*

Alles das kann ich nicht wissen, weil ich nicht hellsehen kann. Mein Verstand kann die Zukunft nicht vorhersehen.

Ist es nicht viel besser, sich Gedanken über die eigenen Handlungsmöglichkeiten zu machen, als sich im eigenen Strom der Gedanken zu verfangen?

Für Sie kann das bedeuten wahrzunehmen, dass Sie im rein objektiven Sinn nicht recht haben können.

Beherzigen Sie diese Erkenntnis, indem Sie sie auch verbal in achtsamer Sprache ausdrücken: Sagen Sie beispielsweise statt „Du hast mich im Stich gelassen!" „Ich habe den Eindruck, dass du mich im Stich gelassen hast. Ist da was dran?" Die Folgen für Ihre Gespräche und Ihre eigene innere Verfassung sind noch positiver, als Sie denken.

Ärgern Sie sich manchmal über die „Unfähigkeit" anderer?

Dann denken Sie über diese Idee nach: Es ist ein großer Unterschied, ob Sie glauben, dass Sie einen unfähigen Kollegen haben – oder ob Ihnen bewusst ist, dass Sie glauben, einen unfähigen Kollegen zu haben.

Nehmen Sie sich einen Augenblick ungestörter Zeit und begeben Sie sich auf eine kleine Gedankenreise. Wenn Ihnen diese Übung anfänglich schwer fällt, betrachten Sie das als normal. Bleiben Sie am Ball und Sie werden feststellen, dass Sie in ihr eine Chance haben, zur Ruhe zu kommen. Versuchen Sie, diese Fragen weniger vom Verstand her zu beantworten, sondern mehr vom Herzen. Beobachten Sie, ob und welche Antworten in Ihnen aufsteigen.

Lassen Sie sich dafür von den folgenden Fragen anleiten:

- *Wer bin ich vor meinen Gedanken?*
- *Was ist, bevor ich denke?*
- *Was ist zwischen den Gedanken?*

Erkennen der eigenen Manipulationsversuche von Unveränderbarem

Ich sehe mich als Freund der Wirklichkeit.
Alles im Leben passiert für mich, nichts gegen mich.

Viele Menschen neigen dazu, im Krieg und im Widerstand mit der Wirklichkeit zu sein, anstatt Unveränderbares erst einmal zu akzeptieren und so anzunehmen, was ist.

Das Motto für ein konstruktives Leben könnte lauten: „Erst mal annehmen, was ist, und dann Maßnahmen für eine eventuelle Änderung ergreifen." Wenn Stress aufkommt, lautet die Haltung aber eher: „Ich bin gegen das, was ist, auch wenn ich es nicht ändern kann." Dieser Wunsch nach Manipulation von Unveränderbarem bezieht sich meistens auf andere, kann aber auch auf einen selbst gerichtet sein.

- Auf andere: Mal passt der Fahrstil des Vordermanns nicht, dann machen Politiker etwas falsch, dann ist das Wetter schlecht.
- Auf einen selbst: „Ich sollte mal endlich …", „Hätte ich vor drei Jahren mal besser …", „Wie hat mir das gerade eben nur passieren können …" .

Der gedankliche Angriff auf die Wirklichkeit

Irgendetwas oder irgendwer ist nicht so, wie ich es, ihn oder sie haben will. So bin ich aufgrund mangelnder Achtsamkeit gegen etwas, was ich in diesem Augenblick nicht ändern kann. Diesen Kampf kann ich nur verlieren.

Die Manipulationsversuche sind zahlreich und passieren wenig achtsam. Denn nur in Unachtsamkeit erheben wir uns über die Wirklichkeit und glauben, dass sie so sein sollte, wie wir sie haben wollen. Sie können die anderen gegen deren Willen nicht manipulieren und Ihre Vergangenheit ist, wie sie ist.

In Achtsamkeit erkennen wir, das wir nicht wissen können, was das Beste ist, und dass eine Welt nicht funktionieren würde, in der sie jeder so verändern kann, wie es ihm gefällt.

Die passende Frage zur Erkenntnis in Achtsamkeit

Vor vielen Jahren habe ich mir überlegt, wie ich diese Erkenntnis in die Tat umsetzen kann. Bei meiner Suche bin ich auf eine Frage gestoßen, die seitdem meine treue Begleiterin und Unterstützerin für Achtsamkeit geworden ist: „Habe ich 100 % aller möglichen Informationen, um das sicher sagen zu können?“

Zuerst erkenne ich meine Meinung, halte dann einen Augenblick inne und beantworte mir aus der inneren Stille heraus diese Frage.

Wenn ich entscheiden müsste, welche Tools der Achtsamkeit ich mit auf eine einsame Insel nehmen würde – diese Frage würde ich mitnehmen. Und ich wüsste nicht, ob sie die Beste ist.

In Achtsamkeit sprechen wir an, was uns stört, machen Vorschläge für eine unserer Meinung nach bessere Version und sind dabei im Bewusstsein, dass der andere auf uns hören kann oder auch nicht. Diese Haltung führt zum Angelegenheiten-Check.

Der Angelegenheiten-Check

Wessen Angelegenheit ist Ihr Leben? Wessen Angelegenheit ist das Leben der anderen?

Achtsame Menschen machen sich immer wieder bewusst, in wessen Angelegenheiten sie gerade sind. Zahlreiche Denker und Philosophen haben bereits über das Konzept der Einfluss- und Interessenszone gesprochen. Für die tägliche Praxis der Achtsamkeit können Sie drei Zonen unterscheiden:

- die Angelegenheiten des Universums (z. B. Jahreszeiten, Wetter),
- die Angelegenheiten anderer Menschen (Freundlichkeit, Zuverlässigkeit, Arbeitsmotivation) und
- die eigenen Angelegenheiten (das, was Sie selbst unmittelbar beeinflussen und tun können, ohne dafür auf andere oder das Universum angewiesen zu sein).

Achtsame Menschen sorgen meiner Beobachtung nach immer wieder dafür, sich bewusst zu machen, in wessen Angelegenheiten sie gerade sind. In Unachtsamkeit sind Sie schnell in fremden Angelegenheiten oder in denen des Universums.

Raus aus fremden Angelegenheiten

!

Auch wenn Sie tausend gute Gründe haben, Sie können weder die Freundlichkeit, Zuverlässigkeit oder Arbeitsmotivation anderer Menschen gegen deren Willen verändern. Und deren Willen ist deren Angelegenheit.

In Achtsamkeit erkennen Sie das und lenken ihre Aufmerksamkeit in ihre eigenen Angelegenheiten. Nutzen Sie frei nach Anselm Grün das Motto: „Wir sehen uns an, was ist, und gehen damit um.

Ihr „Angelegenheiten-Check"

Sie können sich beispielsweise unter Stress nach einem kurzen Innehalten die Fragen

- „In welchen Angelegenheiten bin ich gerade?" und
- „Was ist jetzt meine Angelegenheit?"

beantworten. Die Antworten werden Sie überraschen.

Die fünf täglichen Tugenden der Achtsamkeit

Meditation: in Stille sein, ohne Ziel.

Damit Sie Achtsamkeit in Ihrem beruflichen und privaten Alltag umsetzen und mit Leben füllen können, orientieren Sie sich an insgesamt fünf Tugenden:

1. Tägliche Meditation für Erholung und ein Leben im Moment
2. Bewusstes Atmen
3. Innerliches Stopp-Sagen für bewusstes Sprechen und Handeln unter Stress
4. Die Kraft der Stille nutzen
5. Das Ego entlarven

Tägliche Meditation für Erholung und ein Leben im Moment

Meditation führt uns zu den Dingen an sich zurück – und zu uns selbst.

Meditation ist „einfach spüren, was gerade passiert", Meditation ist keine Bewertung von sich selbst oder anderen. Wenn Sie meditieren, werden Sie still, schließen vielleicht die Augen oder fixieren sie auf einen festen Punkt und nehmen das wahr, was in Ihrem Kopf und vielleicht um Sie herum so los ist. Wenn Sie meditieren, gelangen Sie zu dem natürlichen, glücklichen und ruhigen Zustand, in dem

Sie die Gedanken in Ihrem Kopf wahrnehmen, ohne sie zu bewerten. Diese ganzen Geschichten über sich, andere, die Zukunft und die Vergangenheit nehmen Sie wahr, ohne sie zu bewerten – nach dem Motto: „Interessant, was mein Verstand mir so erzählen möchte".

> **!** Meditation ist eine Art „Innenschau". Stellen Sie sich vor, Sie schauen Fernsehen, und es läuft das Programm „Was in mir selbst gerade so los ist".

Sie werden also zum Beobachter Ihrer Geschichten im Kopf und nicht zum Darsteller oder zum Betroffenen in Ihren Geschichten im Kopf. Auf diese Art und Weise sind Sie präsent. Diese Präsenz erreichen Sie, indem Sie sich auf das konzentrieren, was gerade eben ist.

> **!** Sie meditieren, wenn Sie im Moment sind. Wenn Sie meditieren, sind Sie im Moment.

Wir machen uns verrückt, indem wir über die Zukunft nachdenken, ohne sie vorhersagen zu können. Wir wollen, dass die Zukunft besser wird, und vergessen, wie es geht. Denn es gibt nur einen Weg, um die Zukunft zu verändern: das Jetzt. Können wir im Moment sein, wenn die Dinge nicht so sind, wie wir sie uns vorgestellt haben? Kennen Sie diese Schilder, auf denen steht: „This is not the life I ordered!"? Das ist nur zum Teil witzig. Denn mit dieser Haltung verpassen Menschen große Teile ihres Lebens. Wenn der Verstand es also so schwer hat, im Moment zu sein und uns so die Kraft nimmt, was ist dann zu tun? Meditation.

Doch wie geht das? Denn die Achtsamkeit durch Meditation wie auf Knopfdruck anzuschalten und das ständige Kopfkino mal nicht so ernst zu nehmen, ist gerade anfangs gar nicht so einfach. Genauso wenig, wie Sie sich zwingen können einzuschlafen, können Sie den Verstand zwingen, achtsam zu werden.

Wie Sie es schaffen, mehr im Moment zu sein

Stellen Sie sich vor, Ihre eigenen Hände würden Sie andauernd unkontrolliert ins Gesicht schlagen. Was würden Sie tun? Sie festbinden? Sich draufsetzen? Sie entfernen? Auf Dauer gibt es eine bessere Lösung. Training. Trainieren Sie Ihre Hände, bis sie das tun, was sie tun sollen. Dieses Prinzip gilt auch für Ihren Verstand: Trainieren Sie ihn, bis er in der Lage ist, zusätzlich zum Bewerten auch einfach nur wahrzunehmen.

Meditieren bedeutet, aufmerksam zu sein, für das, was soeben passiert. Auf diese Weise leben Sie im „Jetzt". Sie nehmen sich vor, bewusst aufmerksam und für die Zeit des Meditierens nicht wertend zu sein. Sie nehmen einfach wahr, was so passiert. Gedanken kommen und gehen. Diese Zeit ist sehr erholsam, weil der Verstand den ganzen Tag über andauernd bewertet und er sich so ausruhen kann.

Haben Sie schon einmal erlebt, wie wunderbar es ist, alles willkommen zu heißen und alles das wahrzunehmen, was ist? Stellen Sie sich vor, Sie haben Streit mit einem Kollegen. Er steht direkt vor Ihnen und Sie ärgern sich. Welche Änderung wäre es für Sie, wenn Sie für einen Moment alles willkommen heißen würden, anstatt es anders haben zu wollen? Das wäre Freiheit, Unabhängigkeit und damit pures Glück.

! Wenn Sie meditieren, wird das Rad des ständigen Gedankenkarussells langsam langsamer und Sie treten aus der Zeit heraus.

Meditieren meint nicht, einfach in Gedanken an die Arbeit über eine Straße zu gehen, sondern über eine Straße zu gehen und mitzubekommen, dass das gerade eben passiert.

Weil Meditation sowohl wichtig als auch erläuterungsbedürftig ist, ist diesem Thema ein eigenes Kapitel gewidmet. Dort finde Sie viele weitere Informationen und ganz verschiedene, stets konkrete Anleitungen.

Den Atem spüren

Der Atem ist für uns Menschen der Zugang zu Seele.

In achtsamer Atmung liegt die Chance, immer wieder zu uns selbst zu kommen und dies als erholsame Kraft zu nutzen. Gewöhnen Sie sich deswegen an, mehrmals am Tag für einige Zeit zu spüren, dass Sie atmen. Das gilt vor allem auch dann, wenn Sie unter Stress stehen.

Hierbei geht es darum, aus dem Gedankenkarussell und dem unter Stress meist unangenehmen Kopfkino herauszukommen. Dies funktioniert mit der einfachen Frage: „Atme ich noch?"

Mit ihr vergewissern Sie sich, ob Sie noch atmen. Auch wenn diese Frage auf den ersten Blick nahezu lächerlich einfach wirkt, ist sie enorm wichtig. Denn die eigene Atmung ist der Schüssel zur stets vorhandenen inneren Weisheit. Unter Stress ist diese blockiert und nicht nutzbar.

Die Atmung ermöglicht Ihnen außerdem wertvolle Kraft und einen Moment der erholsamen Ruhe – und das nicht nur in der Stresssituation! Um sich täglich gelassen und entspannt zu fühlen und um jeden Tag in Ruhe und Entspannung beginnen zu können, konzentrieren Sie sich täglich bewusst auf Ihre Atmung. Es reicht bereits eine Minute.

Spüren Sie bewusst Ihre Atmung und was während der Atmung in und mit Ihrem Körper passiert. Nehmen Sie dann wahr, wie Sie atmen: „Wie atme ich?“. Nehmen Sie einige bewusste Atemzüge und spüren Sie, was passiert.

Zusätzlich können Sie danach noch Ihre Aufmerksamkeit auf die Geräusche um Sie herum lenken. Dafür fragen Sie sich, weiterhin möglichst mit geschlossenen Augen „Was höre ich?“. Was hören Sie außerhalb des Raumes, was innerhalb? Lauschen Sie den Geräuschen, ohne sie zu erklären. Atmen Sie beim Lauschen langsam, ruhig und gleichmäßig weiter. Sie werden feststellen, dass es eine Wohltat ist.

„Stopp“ – für bewusstes Sprechen und Handeln unter Stress

Wenn Sie etwas sehen oder erleben, was Sie stresst, sind Sie häufig erschrocken, überrascht, wütend, enttäuscht oder erbost. Im Stress treten also Gefühle auf – spontan und biologisch bestimmt. Stress ist also auch als eine spontane Reaktion zu betrachten.

> **!** Gegen diesen ersten Energieschub, den Sie bei aufkommendem Stress empfinden, können Sie erst mal nichts tun. Beobachten Sie, was in Ihnen passiert, und lassen Sie ihn zu, er ist ja in der Regel nicht tödlich.

Denn in diesem Augenblick wollen Menschen aufgrund eines alten „Steinzeit"-Programms entweder laufen oder raufen. Müssen Sie dafür komplett entspannt sein, um Ihren Verstand wieder einzusetzen, um ihn wieder für sich und nicht gegen sich arbeiten zu lassen? Nein – ein bisschen gelassener reicht schon. Und dies erreichen Sie mit der Stopp-Übung.

Denn schon wenn Sie nur etwas ruhiger sind, können Sie bereits wieder einigermaßen normal denken und Ihren stressigen Alltag überlegt meistern.

> **!** „Stopp! – Wenn ich Stress habe, mache ich erst mal gar nichts".

Meist ist die erste Stressreaktion keine Frage der Wahl, sondern eine spontane, automatische, biologisch programmierte Reaktion. Sonst wäre es ja einfach, ruhig zu bleiben. Typische Reaktionen unter Stress sind nervöse Überreaktionen oder eine passive Schockstarre. Beide Weisen sind nicht optimal, um aus der Situation das Beste zu machen. Denn: „Mit geballter Faust denkt es sich schlecht!".

Besser ist es hier, sich anzugewöhnen, für einen kleinen Augenblick erst einmal gar nichts zu tun. Hier reichen schon fünf Sekunden. Denn das steigert die Qualität des Denkens und Handelns enorm. Das Kommando lautet also: „Stopp! – Wenn ich Stress habe, mache ich erst mal gar nichts".

Weiterführende Informationen hierzu finden Sie auch in meinem Buch „Mit Gelassenheit zum Erfolg".

Nach dem „Stopp!": achtsames und bewusstes Handeln

Unachtsamkeit führt schnell dazu, anderen in Gedanken oder wirklich sagen zu wollen, was diese zu tun und zu lassen haben. Dabei wird dann schnell vergessen, was man selbst tun kann. Achtsamen Menschen ist es wichtig, überlegt und im Einklang mit sich selbst zu handeln.

Auf den Punkt gebracht

„Prinzip Achtsamkeit" unter Stress:

6. Stopp!
7. Ein- und ausatmen
8. Lächeln
9. Überlegtes Handeln

Hierfür ist es von wesentlicher Bedeutung, sich zunächst einmal selbst zu sortieren und sich Übersicht zu verschaffen. Es braucht eine neue, stressfreie Perspektive. Dies funktioniert mit der Beantwortung einfacher Fragen, die das eigene Denken in eine konstruktive Richtung lenken.

Solche Fragen lauten beispielsweise:

- „Was kann ich jetzt konkret tun?"
- „Wann habe ich so etwas schon mal bewältigt?"
- „Wer kann mir helfen?"
- „Was würde mein Vorbild jetzt tun?"

Diese Fragen lenken die eigenen Gedanken in die eigene Einflusszone.

> ***Übung: Was Sie jetzt tun können***
>
> *Wie Sie sich daran erinnern, immer wieder mal „Stopp!" zu sagen:*
>
> *Überlegen Sie sich – um glücklicher zu sein, um besser mit sich selbst umgehen zu können oder um öfter mit sich in Einklang zu sein – ein bis zwei klare Kommandos an sich selbst: Wenn, dann …*
>
> *Zum Beispiel: „Wenn ich das nächste Mal Stress empfinde, dann sage ich innerlich ‚Stopp!' und mache ich erst mal gar nichts!".*
>
> *Wie sehen Ihre Kommandos aus? Wenn Sie ein bis zwei Kommandos haben, die Sie sich täglich bewusst machen, dann wird es Ihnen zukünftig leichter fallen, gelassen auf den alltäglichen Stress zu reagieren.*

Die Kraft der Stille genießen

> „In dir selbst ist eine Ruhe und ein Heiligtum, in welches du dich jederzeit zurückziehen und ganz du selbst sein kannst." (Hermann Hesse)

Als ich ein Kind war, habe ich es nicht gemocht, still sein oder still sitzen zu müssen. Ich hatte so viel Energie, die musste immer irgendwohin. Auch als Jugendlicher habe ich von Stille gar nichts gehalten. Wenn ich nach Hause gekommen bin, habe ich immer erst einmal das Radio oder den Fernseher angemacht. Stille war für mich mehr Stress als Erholung. Das war auch noch im Studium so und in meinen ersten Berufsjahren. Ich hatte einfach zu viel Energie, um Stille annehmen und genießen zu können.

Im Laufe der Zeit konnte ich feststellen, dass Stille und „nichts zu tun", außer in der Stille zu sein, für mich nicht nur ein Labsal für die Seele war (und bis heute ist), sondern darüber hinaus auch eine Möglichkeit bietet, meinen Energieakku immer wieder neu zu laden.

„Es gibt vielerlei Lärm. Aber es gibt nur eine Stille." (Kurt Tucholsky)

Die Stille der Natur – die Natur der Stille

Sorgen Sie dafür, dass Sie jeden Tag ein bisschen Zeit in Stille verbringen. Gehen Sie allein spazieren, beobachten Sie den Sonnenauf- oder -untergang, streicheln Sie ein Tier oder beobachten Sie für einen Augenblick in Stille, ohne irgendetwas zu tun, Ihren Garten. Bis auf wenige Ausnahmen ist es in der Natur still. Und diese Stille ist es, die wir brauchen, um in dieser oft hektischen, lauten und schnellen Zeit wieder in Balance zu kommen. Suchen Sie daher für sich nach Möglichkeiten, jeden Tag ein bisschen Stille zu erfahren und zu genießen.

Das Ego entlarven

Ein Problem ist gleich halb so schlimm,
wenn ich weiß, wer es erfunden hat.

Wenn wir Menschen geboren werden, haben wir noch kein Bewusstsein von uns selbst. Wir haben wenige Bedürfnisse und die, die wir haben, bekommen wir meistens erfüllt. Wir leben einfach so, weil wir leben können, und haben an sich ein wirklich paradiesisches Leben. Stressauslösende Gedanken, die zu Zeitnot, Neid oder Sorgen führen, kennen wir noch nicht. Wenn wir allerdings älter werden und beginnen, eine Sprache zu lernen, entsteht in unserer geistigen Vorstellung eine Idee von uns selbst und von anderen. Wir entwickeln Wünsche, Meinungen und Perspektiven auf die Welt. All dies passiert im Verstand.

Diese Wünsche, Meinungen und Perspektiven sind nichts, was man anfassen könnte. Daraus entwickelt sich das „Ich", auch „Ego" genannt, und das hat durchaus handfeste Folgen für unser Verhalten:

„Ich will jetzt diesen Schokoriegel!" oder „Ich muss dieses Spielzeug haben", um plastische Beispiele zu nennen.

Bedingt durch Erziehung, Sozialisation und Erfahrungen fängt das Ego auch an, gewisse Gewohnheiten oder gar Zwänge zu entwickeln, wie zum Beispiel „Ich muss das so und so tun" oder „Ich darf das so und so nicht tun". Außerdem beginnt das Ego auch, andere Menschen und sich zu bewerten. Das konnten Sie als Kleinkind nicht, als Sie in dieser Hinsicht noch in einer Art Paradies gelebt haben. Solche Bewertungen sind zum Beispiel „Ich bin nicht gut genug" oder „Ich kann das nicht" oder „Andere sind besser als ich" oder „Andere sind nicht freundlich genug zu mir", „Andere sollten freundlicher zu mir sein". Und in dem Augenblick, in dem das Ego entsteht und wir ihm in Unachtsamkeit folgen, verlieren wir den Kontakt zu Ruhe und Stille.

Um in diese Ruhe und Stille zurückzugelangen – immer wieder, Tag für Tag – ist die Methode schlechthin: Meditation. Denn während der Meditation beobachten Sie das Ego und lösen es damit für einen Augenblick auf.

Auch wenn uns Werbung, Marketing und alle möglichen Angebote versprechen, mit ihrer Hilfe glücklich zu werden – Sie werden es erlebt haben, es funktioniert nicht. Vielleicht hatten Sie schon einmal das Gefühl: „Oh, ich könnte ein neues Auto kaufen, das würde mir gefallen, dann würde es mir gutgehen." Aber wenn Sie das Auto vier Monate haben, erfüllt es Sie nicht mehr mit angenehmen Glücksgefühlen, sondern: Es ist ganz normal geworden.

Die gute Nachricht: Meditation kostet nichts, ist einfach und der Effekt, über Meditation in Ruhe, Stille, Glück und Zufriedenheit zu gelangen, lässt nicht nach – anders als bei einem Auto oder anderen materiellen Anschaffungen.

Was Sie jetzt tun können

Nehmen Sie sich Zeit und denken Sie über folgende These nach: „Marketing und alle möglichen Angebote versprechen, mit ihrer Hilfe zu innerem Glück zu gelangen – das funktioniert aber nicht."

Überlegen Sie, wann Ihnen zum letzten Mal durch Werbung oder anderes dieses Glück versprochen wurde. Haben Sie durch das Produkt einen glücklichen Zustand erlebt?

Wenn nicht, woran könnte dies gelegen haben? Stellen Sie sich die Fragen: „Ist Glück käuflich?" und „Wer muss dafür aktiv werden, dass ich mein inneres Glück erreichen kann?".

Das Programm des Egos

Das Programm des Egos besteht neben dem oben beschriebenen „Kriegszustand mit dem, was ist" auch darin, uns gedanklich in die Zukunft zu führen oder aber ebenso gedanklich in der Vergangenheit leben zu lassen.

Es gibt zwei Arten von Zeit: die wirkliche und die gedankliche. Die wirkliche Zeit existiert als der jetzige Moment. Beispielsweise können Sie in Wirklichkeit nicht morgen einkaufen gehen, sondern nur heute. Aber Sie können sich mit Ihrem Verstand und Ihrer Fantasie vorstellen, morgen einkaufen zu gehen.

Das Ego neigt dazu, sich beispielsweise über die Vergangenheit zu ärgern oder sich über die Zukunft Sorgen zu machen. Den Zugang zum jetzigen Augenblick ermöglicht Ihnen die Meditation. Dieses „Sein im Jetzt" ist deswegen so wichtig, weil das Ego mit der Vorstellung von Zukunft und der Erinnerung an die Vergangenheit gerne Stressgefühle produziert: Es erfindet in der Zukunft alle möglichen Horrorszenarien und findet in der Vergangenheit alle möglichen unangenehmen Situationen und Anlässe für Selbstvorwürfe.

Natürlich hat die Idee von Zukunft und Vergangenheit auch viele Vorteile. Wie wollen Sie sich ohne Ersteres zu einem Meeting verabreden und ohne Letzteres aus Fehlern lernen?

Jedoch stellen beide Zeiten auch die Quelle für Angst und Ärger da: Denn Angst ist immer auf unsere Idee von Zukunft bezogen (was alles passieren kann) und der Anlass für Ärger muss in der Vergangenheit sein.

Die zwei Freunde des Egos: Zukunft und Vergangenheit

Das Ego erfindet Zukunft und Vergangenheit – so können unangenehme Gefühle entstehen. Wie zum Beispiel „Oh, mit meinem Job, das wird nicht mehr lange gut gehen. Ich werde wahrscheinlich bald hier rausfliegen – und was ist dann?". Das ist ein Horrorszenario über die Zukunft.

Genau das Gleiche geht auch in der Vergangenheit: Das Ego ist da sehr erfinderisch: „Ich hätte damals das und das und das tun müssen, dann würde es mir viel besser gehen." Pure Theorie, weil es vorbei ist. Sie können es nicht mehr anders machen. Sie können sich nur überlegen, was Sie jetzt in diesem Augenblick tun können.

Denn wirkliches Leben gibt es nur im Jetzt. Auch wenn das Ego uns vorgaukelt – mit fantasievollen Landschaften, – wie viel schöner das wirkliche Leben doch sein könnte. Das Ego sorgt nicht nur, aber auch für Stress, Druck und Selbstabwertung.

Was also tun? Die gute Nachricht vorweg: Das Glück ist ein natürlicher Zustand. Sie brauchen nichts zu kreieren, nichts zu erschaffen, nichts zu kaufen, nichts zu tun. Sie brauchen vor allem nicht Ihr Ego, um diesen natürlichen Zustand von innerem Glück zu erreichen. Den Zugang zu diesem natürlichen und stets vorhandenen Zustand erreichen Sie, indem Sie meditieren.

Was Sie jetzt tun können:

Wo würden Sie sich selbst einordnen, leben Sie eher in der Vergangenheit oder in der Zukunft? Beziehen sich Ihre Gedanken eher auf Ihre Vergangenheit oder auf Ihre Zukunft?

Fragen Sie sich selbst, wie häufig Ihre Horrorszenarien über die Zukunft bzw. Ihre vorwurfsvollen Gedanken über die Vergangenheit, Ihnen weitergeholfen haben – oder wurden Sie durch diese eher blockiert?

Meditation

Leise und still in Meditation sitzen. Das ist Glück.

Was Meditation ist

Wer achtsam leben will, dem fällt es mit Meditation leichter. Die Frage ist nicht, ob Sie meditieren, sondern wie Sie meditieren.

Übung: Einstieg in die Meditation

Die einfachste Art besteht darin, sich einfach an einen Ort zu setzen, an dem Sie nicht gestört werden, und die Augen zu schließen. Beobachten Sie dann die eigenen Gedanken, als wären sie ein Kinofilm auf einer Leinwand. Meditieren bedeutet nicht, nichts zu denken. Meditieren bedeutet, das wahrzunehmen, was im eigenen Kopf vorgeht. Es ist das Beobachten von Gedanken, nicht das Abschalten von Gedanken.

Üben Sie, und wann immer Sie in Gedanken hineingezogen werden, werden Sie erneut zum Beobachter. Seien sie also nicht der Schauspieler im Film Ihrer Gedanken, sondern der entspannte Kinobesucher Ihres eigenen Films.

Worum es beim Meditieren geht

Meditieren bedeutet, den Geist zu beobachten. Sie werden dadurch still und erleben tiefes Glück.

Meditation als Erholung vom Alltag

Wahrscheinlich denken Sie, es sei ganz einfach, für fünf Minuten nichts zu tun, außer die eigenen Gedanken zu beobachten. Doch wenn Sie es ausprobieren, werden Sie schnell feststellen, dass Ihre Gedanken ständig aktiv sind und dass es nicht möglich ist, nicht zu denken. Denn unser Geist ist ein ständiger Strom aus Bildern, Gedanken, Gefühlen und Hoffnungen. Vergleichbar mit einem Affen, der durch die Gegend turnt. Diesen fortwährenden Aufruhr ruhiger werden zu lassen – das ist das Ziel von Meditation.

> ***Das Geräusch des aufgefangenen Tennisballs***
>
> *Im Alltag scheinen Gedanken manchmal wie Tennisbälle durch unseren Kopf zu fliegen. Meditieren lässt diese Bälle erst langsamer werden, dann fallen sie mit einem „Plopp" in Ihre Hände. Stille.*

Meditation ist ein Geisteszustand, ein verändertes Bewusstsein, eine Transformation der Art und Weise, wie wir die Welt wahrnehmen. Damit ist sie auch eine neue Art, das Leben zu leben. Denn so schön es auch ist, dass wir einen Verstand haben, mit dem wir an die Vergangenheit zurückdenken oder uns die Zukunft fantasievoll ausmalen können, hat es auch Nachteile. Denn wenn der Geist dauernd arbeitet und wir ständig auf Achse sind, kann es schnell zu Stress, Schlaflosigkeit und Ermüdungserscheinungen kommen. Viele Menschen glauben, immer erreichbar sein zu müssen, und haben es verlernt abzuschalten. Auf diese Weise fehlt Erholung.

Wenn wir das innere Schauspiel als Zuschauer und nicht als Akteur erleben, ist das der erste Schritt zur Meditation. Unser „großes Ich" beobachtet unser „kleines Ich": Das „große Ich" strebt nach Gleichgewicht, Ruhe, Weisheit, klarem Bewusstsein und das „kleine Ich" ist beunruhigt, verängstigt, eitel, aufgebläht. Meditation bedeutet auch Selbstbesinnung.

Für den Prozess der Meditation könnte auch folgendes Bild stehen: Stellen Sie sich ein großes Glas mit schmutzigem Wasser vor. Sie lassen es eine Weile stehen – der Schmutz setzt sich langsam ab. Das trübe Wasser unserer Gefühle wird immer klarer. So kann auch unsere innere Klarheit erscheinen.

Wenn Sie der Meinung sind, dass es ganz einfach ist, für fünf Minuten nicht zu denken und nichts zu tun, probieren Sie Folgendes aus:

Übung

Setzen Sie sich bequem hin. Stellen Sie einen Timer auf 60 Sekunden und starten Sie diesen. Denken Sie an nichts, bis die Zeit abgelaufen ist.

Hatten Sie das Gefühl, dass die Zeit schnell oder eher langsam verging? Wenn Ihnen schon ein Minute lang vorkommt, wie wird es wohl bei fünf Minuten sein?

Medizinische Gründe für Meditation

Es gibt ganz verschiedene Gründe für regelmäßige, wenn möglich tägliche Meditation. Der häufigste und am weitesten verbreitete Grund besteht für die meisten Menschen darin, den eigenen Verstand zu beruhigen und so Stressgefühle zu minimieren.

Doch natürlich gibt es noch viele weitere Gründe, regelmäßig zu meditieren. In zahlreichen wissenschaftlichen Studien (2014 sind es bereits mehr als 4.500) wurde sehr häufig und regelmäßig nachgewiesen, dass sich Meditation nicht nur auf den Verstand und den Geist auswirkt, sondern außerdem auch auf den Körper.

Dies ist für viele Menschen zuerst einmal überraschend, denn wie soll eine geistige Tätigkeit wie das Meditieren sich positiv oder überhaupt auf den Körper auswirken? Genau wissen die Wissenschaftler noch nicht, wie es funktioniert. Tatsache ist, dass es funktioniert.

! Sie können durch Meditation nicht nur Ihren Geist, sondern auch ihren Körper positiv beeinflussen.

Zum Beispiel ist mittlerweile mehrfach bewiesen worden, dass regelmäßige Meditation den Cortisolspiegel (Cortisol ist ein Stresshormon) im Körper reduziert. Das bedeutet, dass Menschen, die regelmäßig meditieren, Stress besser bewältigen können, als Menschen, die nicht meditieren.

Doch es gibt noch viele verschiedene andere Bereiche, auf die sich Meditation positiv auswirkt: Herzkrankheiten, Osteoporose, Schlafprobleme, Hautkrankheiten, Depression, Merk- und Konzentrationsfähigkeit sowie Essstörungen.

Forschungsergebnisse zur Wirksamkeit von Meditation

Viele Studien zeigen, dass sich Meditation tatsächlich positiv auf das Befinden und sogar die Gesundheit auswirkt. Natürlich ist dieses Buch ein Praxisbuch, um Sie aber ein wenig neugierig auf eigene Nachforschungen zu den jeweils neuesten wissenschaftlichen Erkenntnissen zu machen, finden Sie hier zur Übersicht einige Hinweise.

Meditation kann bereits nach vier Wochen die Nervenfasern in Ihrem Gehirn verändern, so berichten Forscher. In einer Studie ist sogar bewiesen worden, dass bereits acht Wochen regelmäßige Meditation messbare Veränderungen in bestimmten Hirnregionen hervorruft. Hirnregionen, die beispielsweise für Erinnerungen, Selbstwahrnehmung oder Empathie verantwortlich sind, weisen Verbesserungen auf, wodurch die Praktizierenden sowohl psychische als auch kognitive Vorteile aufwiesen.

Eine Verbesserung ist jedoch nicht nur im Gehirn erkennbar. Durch Meditation wird ein biologischer Prozess in Gang gesetzt, der im gesamten Körper positive Veränderungen erzeugt. Eine Studie bezeichnet dieses Phänomen als „mind-body-medicine" und erklärt, dass durch Meditation bestimmte Gene an- und ausgeschaltet werden können, die mit dem Stressempfinden und dem Immunsystem in Verbindung stehen. Ebenso zeigte sich, dass Depressionen und Angstzustände verringert werden können, wenn die

Praktizierenden regelmäßig zur Ruhe kommen und somit inneren Frieden für sich erlangen.

Meditation lindert Schmerz

Zudem zeigte sich, dass Geistesübungen Schmerzen lindern können – und zwar genauso gut wie Medikamente, nur ohne Nebenwirkungen. Im Rahmen einer Studie wurde folgendes Experiment durchgeführt: Probanden wurde eine 50 Grad warme Platte ans Bein gehalten, während ihre Hirnaktivität gemessen wurde. Die Teilnehmer beschrieben den Schmerz als stark und unangenehm. Anschließend wurde der Test wiederholt, diesmal jedoch während die Teilnehmer meditierten. Die Hirnaktivität war geringer und die Schmerzen wurden um 40 % weniger stark empfunden. Wie kann das sein? Durch die Meditation legten die Probanden ihren Fokus auf andere Dinge, weshalb der zugefügte Schmerz kaum noch eine Rolle spielte. Sie nahmen ihn nicht so stark wahr, da sie mit den Gedanken bei sich und in innerer Ruhe waren.

Ein weiterer gesundheitlicher Effekt, der sich durch regelmäßige Meditation zeigt, ist die Senkung des Blutdrucks. Bluthochdruck gilt als gefährliche Krankheit, weshalb eine Senkung für die Gesundheit sehr wichtig ist. Durch Meditation ist das möglich – Sie können das am eigenen Leibe durch kontinuierliches Ausprobieren herausfinden.

Die Wirkung von Meditation auf Ihre Beziehungen

Über die medizinischen Gründe hinaus gibt es noch einen weiteren Bereich, auf den sich regelmäßige Meditation positiv auswirkt: Paradoxerweise werden die Beziehungen zu anderen Menschen besser, wenn Sie meditieren. Paradox ist das deswegen, weil Sie sich ja beim Meditieren auf sich selbst besinnen und nach innen gehen, Beziehungen allerdings auch etwas mit dem Außen und anderen Menschen zu tun haben.

Wie bereits erwähnt, erzeugt die Aufmerksamkeitsmeditation eine deutliche Veränderung der Hirnstruktur. Hinzu kommt, dass Sie auch die Hirnregionen gezielt trainieren können, die für Ihr Mitgefühl verantwortlich sind. In diesem Zusammenhang meint „Mitgefühl" nicht nur Empathie, sondern darüber hinaus das grundlegende Wohlwollen anderen gegenüber. Obwohl Sie hauptsächlich lernen, für sich selbst da zu sein, lernen Sie automatisch mit, für andere da sein zu wollen und anderen Glück und Zufriedenheit so gönnen.

Es ist festzuhalten, dass es viele verschiedene Gründe dafür gibt, regelmäßig zu meditieren. Viele positive Wirkungen sind mittlerweile sogar wissenschaftlich bewiesen. Ich bin mir sicher, dass in den nächsten Jahren aufgrund der immer intensiver werdenden Beschäftigung von Forschern mit Meditation noch mehr spannende Wirkungen erkannt werden.

!

Sie wollen weitere Beweise?

Der für Sie stärkste Beweis wird es sein, wenn Sie für eine kurze Zeit jeden Tag meditieren und dann selbst spüren, welche angenehmen Auswirkungen das hat.

Egal, wofür Sie die Meditation letztlich nutzen wollen – ob für die Möglichkeit, gesünder zu leben oder für die Chance, entspannen zu können, wann Sie es wollen – sie wird Ihnen dabei helfen. Zudem bietet Meditation die Gelegenheit, sich bei Stress wieder auf das Wesentliche zu konzentrieren. So können Sie Entscheidungen schneller und mit mehr Überzeugung treffen, ohne sich mit möglichen Problemen oder Schwierigkeiten aufzuhalten.

Unglaublich, wozu die Meditation Sie befähigt, oder?

Meditation ist nicht nur eine religiöse Sache, die Mönche anwenden, um eine Verbindung zu Gott herzustellen. Sie ist viel mehr und bietet die Möglichkeit, den eigenen Verstand zu verstehen. Vielleicht geht es Ihnen oft so, dass Sie Ihre eigenen Gedanken nicht verstehen oder nachvollziehen können. Wenn Sie regelmäßig zur Ruhe kommen, verstehen Sie Ihr Inneres und kommen zu sich selbst.

Jedoch ist eine weitere Sache zu nennen: Wenn Sie nicht mehr regelmäßig meditieren, verlieren Sie langsam die Wirkung, und die positiven Effekte, die Sie empfunden haben, lassen nach.

In allen Untersuchungen zum Thema zeigt sich: Regelmäßige Meditation hilft, ob gesundheitlich oder emotional – Sie werden sich besser fühlen.

Auf den Punkt gebracht

In der Meditation erleben Sie als stiller Beobachter, was in Ihrem Verstand gerade passiert. Diese Zeit der Beobachtung sorgt nicht nur für eine Erholung des Geistes, sondern auch für eine Verbesserung der körperliche Gesundheit und der privaten und beruflichen Beziehungen.

Häufige Missverständnisse über Meditation

Natürlich erfahren Sie auch gleich, wie Sie meditieren können, doch es gibt eine ganz große Menge an Missverständnissen und Vorurteilen über Meditation, die hier an dieser Stelle aufgeklärt werden sollen:

- Das erste Missverständnis besteht darin, dass Sie einen bestimmten Ort brauchen, um zu meditieren. Dass Sie eine Ecke in einem Zimmer brauchen, dass Sie einen ganzen Raum brauchen zur Meditation und dass Sie nur in diesem Raum meditieren können. Das stimmt nicht. Sie können immer und überall meditieren. Sie können im Zug die Augen schließen und meditieren, Sie können beim Warten auf Ihr Flugzeug meditieren und Sie können meditieren, während Sie Kaffee kochen oder Kartoffeln schälen. Sie werden im Laufe dieses Buches feststellen, dass Sie immer und überall meditieren können.
- Das zweite Missverständnis besteht darin, dass Sie eine bestimmte Körperhaltung einnehmen müssen, um zu meditieren. Auch das ist falsch. Sie können im Gehen meditieren, Sie können im Sitzen meditieren, Sie können beim Joggen meditieren, Sie können auch im Liegen meditieren. Sie können in jeder körperlichen Position, in der Sie sich wohlfühlen, meditieren. Achten Sie nur darauf, dass Ihre Körperhaltung es Ihnen ermöglicht, sich zu entspannen und präsent zu sein. Achten Sie darauf, dass Sie nicht einschlafen, denn das ist nicht der Sinn von Meditation.
- Das dritte Missverständnis besteht darin, dass Sie Räucherstäbchen und Co. anzünden müssen, um zu meditieren.

Auch das ist nicht richtig. Sie können in geschlossenen Räumen meditieren, Sie können an der frischen Luft meditieren.

Auf den Punkt gebracht

Sie können an jedem Ort, in jeder Körperhaltung und zu jedem Zeitpunkt meditieren. Die Zahl der Ausreden sinkt, die der Möglichkeiten steigt.

Die Praxis der Meditation

Sei Zeuge und nimm Deine Gedanken wahr.

Eine einfache Anleitung zur Atem-Meditation

Setzen Sie sich auf einen Stuhl oder auf ein Kissen auf dem Boden. Wählen Sie eine bequeme Position, in der Sie locker aufrecht sitzen und genug Raum zum Atmen in Brust und Bauch haben. Legen Sie die Hände mit den geöffneten Handflächen nach oben auf die Oberschenkel.

Wenn Sie in einer Pause am Schreibtisch meditieren, können Sie Ihre Unterarme einfach auf die Tischplatte legen. Wenn Sie nicht sitzen können oder wollen, nehmen Sie eine liegende Position ein.

Schließen Sie Ihre Augen. Wenn Ihnen das unangenehm ist, schauen Sie mit halb geschlossenen Augen entspannt auf einen Punkt im Raum und lassen den Blick dort ruhen.

Nehmen Sie zu Beginn Ihren Körper ganz bewusst wahr. Richten Sie entspannt Ihre Wirbelsäule auf, spüren Sie, wie Ihre Füße auf dem Boden stehen.

Lenken Sie dann Ihre Aufmerksamkeit auf Ihre Atmung. Nehmen Sie wahr, wie Sie atmen und was passiert, wenn Sie atmen. Verändern Sie Ihre Atmung nicht, sondern lassen Sie sie natürlich fließen: Ihr Körper weiß, wie Sie am besten atmen.

Nehmen Sie während jeder Meditation Ihren Atem ganz bewusst wahr.

- Wie bewegt sich Ihr Körper, wenn Sie atmen?
- Was passiert, wenn Sie einatmen?
- Was passiert, wenn Sie ausatmen?
- Wie fühlt sich die Luft beim Einatmen an, wie beim Ausatmen?
- Was ist im Augenblick Ihre natürliche Form des Atmens?
- Wie schnell, wie tief atmen Sie, wenn Sie dieser natürlichen Form folgen?
- Atmen Sie eher flach oder tief, atmen Sie eher schnell oder langsam?
- Wie fühlt es sich an, natürlich und bewusst zu atmen?

Beobachten Sie, was während des Einatmens, des Ausatmens und der Phase zwischen Ein- und Ausatmen passiert.

Hilfreich sind die beiden Fragen

- „Atme ich noch?"
- „Wie atme ich?"
- „Was passiert, wenn ich atme?".

Beantworten Sie diese Fragen mit dem Verstand, werten Sie nicht (z. B. „Ich atme wie immer zu schnell!"), sondern beobachten Sie, was in Ihrem Körper passiert, wenn Sie atmen.

Wenn Ihre Aufmerksamkeit von der Atmung weggeht (und das wird passieren), nehmen Sie auch das wahr und lenken Sie Ihre Aufmerksamkeit liebevoll wieder zur Atmung zurück. Bewerten Sie das nicht, sondern führen Sie die Aufmerksamkeit einfach immer wieder auf Ihre Atmung zurück.

Meditieren Sie am Anfang zwischen ein und zehn Minuten – das ist ein guter Einstieg, bevor Sie die Zeit nach eigenem Geschmack verlängern.

Machen Sie nicht meinen Fehler

Nehmen Sie sich nicht vor, jeden Tag genau zehn Minuten zu meditieren. Sondern nehmen Sie sich vor, jeden Tag zu meditieren. Die Dauer machen Sie davon abhängig, was für Sie jeweils an dem Tag das Beste ist. Mal fünf Minuten, mal 15 Minuten – eben so, wie Sie es brauchen.

Betrachten Sie Meditation als einen Zeitraum, in dem Sie Erfahrungen sammeln, wie es ist, entspannt und präsent zu sein.

Meditieren Sie ohne Ziel oder Hoffnung auf Wirkung

Wenn ich meditiere, bin ich heil und ganz.

Wenn Sie meditieren, meditieren Sie. Wenn Sie meditieren, sind Sie in Ihrer Ruhe und genießen die Stille, die in Ihnen zu finden ist. Wenn Sie meditieren, sind Sie Sie selbst. Das ist das Geheimnis der Meditation. Sie können es gerne mit einem Ziel oder einem Zweck verbinden, wie zum Beispiel „Ja, ich bin immer so angestrengt, es würde mir ganz guttun, mal zu meditieren." – Richtig! Dieses Ziel der Meditation halten Sie aber nur aufrecht, bis Sie beginnen zu meditieren. Wenn Sie also um 10.11 Uhr anfangen mit Ihrer Meditation, dann haben Sie ruhig bis 10.11 Uhr das Ziel zu meditieren, um sich zu entspannen – gerne. Allerdings: Ab dem Beginn der Übung meditieren Sie – ohne Ziel! Sie meditieren einfach. Nach der Meditation, wenn Sie sich wohler fühlen, können Sie sich auch darüber freuen, dass Sie sich jetzt entspannter fühlen, jedoch nur nachher und vorher.

Stellen Sie sich vor, ein Mensch denkt beim Meditieren: „Jetzt muss ich entspannen, sofort – das ist mein Ziel!" Das kann nicht funktionieren, weil es verspannt und Druck aufbaut.

Sie werden feststellen, wenn Sie eine Übung mit einem Ziel durchführen, dann ist diese Übung weniger intensiv, als wenn Sie sie einfach machen: Sie können nur enttäuscht sein. Sie haben genug Ziele, Sie haben genug Erwartungen, genug Ergebnisdruck. Meditieren Sie einfach – ohne Ziel, ohne Druck ohne irgendeine Erwartung.

Die geführte Basis-Meditation am Morgen

Wenn Sie mit Ihrer Praxis der Meditation starten, hilft es Ihnen wahrscheinlich, erst einmal einen wiederkehrenden Ablauf zu haben, um sich anfangs nicht zu oft auf Neues einrichten zu müssen. Die Basis-Meditation eignet sich grundsätzlich für jeden Zeitpunkt des Tages. Allerdings können Sie diese speziell morgens verwenden.

> **!** Diese sowie zwei weitere Meditationen für mittags und abends, die von mir professionell eingesprochen wurden, finden Sie zum Download hier: www.christian-bremer.de/meditationen.

In diesen Meditationen geht es vor allem darum,

- sich selbst ganz bewusst Zeit zu schenken,
- sich achtsam wahrzunehmen,
- Kontakt zu seiner Atmung aufzubauen und
- zu beobachten, was im eigenen Kopf gerade so los ist.

Nach allen Meditationen werden Sie sich sehr wahrscheinlich ruhig, leichter und ausgeglichener fühlen.

Hier finden Sie eine Kurzform der Basismeditation, die Sie unter oben stehendem Link herunterladen können. Nehmen Sie sich pro Aussage einige Zeit, um sich von ihr anleiten zu lassen.

Basismeditation – Kurzform

Atmen Sie noch? Auch wenn es komisch klingt, vergewissern Sie sich, ob Sie noch atmen.

Wie atme ich? Was passiert, wenn ich atme?

Während Sie langsam, ruhig und gleichmäßig weiteratmen, werden Sie zum Beobachter, zur Beobachterin, Ihrer Gedanken.

Welche Gedanken kommen Ihnen in den Sinn? Was denken Sie, in diesem Augenblick?

Können Sie beobachten, ob die Gedanken vielleicht von ganz alleine kommen und gehen, ganz ohne Ihr Zutun?

Verweilen Sie so lange, wie Sie möchten und es Ihnen guttut, in dieser Stimmung. Nehmen Sie Ihre Atmung wahr und nehmen Sie wahr, was Sie denken.

Dies ist nur ein Auszug aus der Basismeditation, damit Sie sich einen ersten Eindruck verschaffen können.

Nachdem Sie die Meditation durchgeführt haben, recken und strecken Sie sich langsam und vorsichtig, bewegen Sie Ihre Arme, Ihre Beine, machen Sie sich ganz groß und kommen Sie langsam und ganz in Ruhe in den Raum zurück, in dem Sie sich befinden.

Verweilen Sie dann noch ein wenig in Ihrer Stimmung …

!

Ihre Meditation endet nicht mit dem Textende

Auch wenn der Text endet, können Sie in einem meditierenden Zustand bleiben. Das, was Sie als Nächstes und danach tun, können Sie auch beobachtend wahrnehmen, genießen und bewusst mitbekommen.

Über den ständigen Strom der Gedanken

Was wir unreflektiert denken und glauben, macht uns blind für inneren Frieden und Stille.

Nehmen Sie den Strom Ihrer Gedanken während Ihrer Meditation liebevoll und interessiert wahr: Ein Gedanke kommt von ganz allein, er verdichtet sich mit anderen Gedanken zu einer Geschichte über die Zukunft oder die Vergangenheit und nimmt Sie mit … und Sie können der Geschichte ganz einfach Ade sagen und zu Ihrem Ort der Stille zurückkehren.

Es ist an sich ganz leicht, Sie brauchen Ihre Aufmerksamkeit nur auf das zu lenken, was in Ihnen passiert.

Wahrnehmen, nicht bewerten

Bewerten Sie die Geschichten und Gedanken in Ihrem Kopf nicht als gut oder schlecht, bewerten Sie auch sich selbst nicht. Nehmen Sie einfach wahr, wie die Gedanken kommen und wie leicht es ist, immer wieder an Ihren Ort der inneren Stille zurückzukehren.

Wahrscheinlich können Sie während der Meditation feststellen, dass Gedanken an sich nicht stressig sind … sie kommen und gehen von allein. Sie tun Ihnen nichts. Sie können erst dann stressig werden, wenn Sie sie nicht gehen lassen, wenn Sie um sie herumkreisen, wenn Sie sie festhalten und sie nicht das tun lassen, was sie von sich aus tun: Sie kommen und gehen von ganz allein, ohne Ihr Zutun.

Es funktioniert immer gleich: Ein Gedanke kommt auf, Sie folgen ihm vielleicht, nehmen das wahr und kehren an Ihren Ort der stillen Beobachtung zurück.

Wenn Sie dort sind, genießen Sie das innere Glück, die Entspannung, Ihre Gelassenheit – und spüren Sie dieses Gefühl im ganzen Körper …

Wann immer Sie mögen, können Sie an Ihren Ort der Stille zurückkehren. Dies gilt auch im Alltag! Sie können innehalten, Ihre Aufmerksamkeit auf Ihren Ort der Stille lenken und ihn so aufsuchen. Wenn Sie das tun, werden Sie feststellen, dass er immer da ist. Sie brauchen ihn sich nicht zu erschaffen.

Er ist immer da, er ist das Wasser, das den Fisch umgibt. Der Fisch braucht kein Wasser zu suchen, es ist schon da. Er kann sich daran erfreuen und es genießen – und er weiß immer, dass es ihn umgibt. Genau wie Ihr Ort der Stille.

Verweilen Sie noch ein wenig dort, und wenn Gedanken aufkommen und Sie ihnen automatisch folgen, dann kehren Sie mild lächelnd in die Stille zurück.

Stufenweises Meditationstraining

Auch das Üben von Meditation kann von dem Motto „vom Leichten zum Schweren" und „vom Einfachen zum Komplexen" profitieren. Um im Zuge der Stufen mit immer größerer Leichtigkeit meditieren zu können, empfiehlt sich folgendes Vorgehen:

Nehmen Sie sich jeweils ca. eine Woche Zeit, in der Sie täglich die Übung der jeweiligen Stufe durchführen. Danach gehen Sie zur nächsten Stufe über.

Übung

Stufe 1: *Ich nehme mir zehn Minuten am Tag Zeit für mich und schließe die Augen. Ich achte mit folgenden Fragen auf meine Atmung: „Wie atme ich?" „Wie fühlt es sich an, wenn ich einatme?" „Wie fühlt es sich an, wenn ich ausatme?" „Wie bewegt sich mein Körper beim Ein- und Ausatmen?"*

Stufe 2: *Ich nehme mir am Tag zehn Minuten Zeit für mich und schließe die Augen. In diesen zehn Minuten besuche ich mein Inneres, indem ich Folgendes probiere: Ich achte mit folgender Frage auf meine Atmung: „Wie atme ich?" Ich achte mit folgender Frage auf meinen Körper: „Welche Muskeln kann ich jetzt noch entspannen?"*

Stufe 3: *Ich nehme mir am Tag zehn Minuten Zeit für mich und schließe die Augen. In diesen zehn Minuten gehe ich der Vorstellung nach: „Ich genieße die Schönheit des Augenblicks."*

Stufe 4: *Ich nehme mir am Tag zehn Minuten Zeit für mich und schließe die Augen. In diesen zehn Minuten beobachte ich, wie meine Gedanken von allein zu mir kommen und ganz von allein, ohne mein Zutun, wieder gehen.*

Weitere einfache Meditationsübungen

Probieren Sie die folgenden Übungen aus. Bestimmt finden Sie bald Ihre persönlichen „Lieblingsübungen". Vielleicht richten Sie sich dafür ja einen ruhigen Platz ein, an dem Sie sich wohlfühlen und ungestört sind. Die Übungen funktionieren natürlich auch im Zug, Bus oder im Auto (im Stau).

Finden Sie heraus, welche Übungen Ihnen guttun, welche Sie ausbauen wollen oder variieren können. Vielleicht gefällt es Ihnen ja auch, die unterschiedlichen Methoden zu mischen. Ihrer Kreativität und Neugier sind keine Grenzen gesetzt.

Gehmeditation

Die Gehmeditation ist eine sehr wertvolle Form zu meditieren, weil Sie viele Gelegenheiten finden werden, sie einfach und ohne zusätzlichen Zeitaufwand durchzuführen. Egal ob Sie sie beim Gehen in einem Gebäude, in der Stadt, im Park, im Wald oder am Meer durchführen, sie wird Sie stets schnell zu Ihnen selbst und zur Ruhe bringen.

Es geht darum, bewusst zu gehen. Beherzigen Sie dafür drei Hinweise:

Übung: Gehmeditation

Beobachten Sie beim Gehen, wie Ihre Gedanken kommen und gehen. Verbinden Sie sich mit Ihrem Atem – natürliches Einatmen, natürliches Ausatmen. Verlangsamen und Beschleunigen Sie Ihren Gang, während Sie Ihre Aufmerksamkeit auf den Rhythmus Ihrer Schritte und den Druck der Fußsohlen auf dem Boden richten.

Sie werden wahrscheinlich feststellen, dass der Wirbel der Gedanken Sie mitreißt und Sie immer wieder aus der Rolle des Beobachtens in die Rolle des Teilnehmens übergehen. Das ist ganz normal. Wenn Sie es merken, führen Sie sich wieder ruhig und liebevoll in die Rolle des achtsamen Beobachtens zurück.

Im Laufe der Zeit wird das Beobachten Ihrer Gedanken zu etwas Natürlichem. Dann kommen die Geräusche und Objekte der Umgebung in einer bisher wahrscheinlich unbekannten Qualität in Ihr Bewusstsein.

Wenn Ihnen diese drei Hinweise zu viel auf einmal sind, beginnen Sie einfach damit, nur den ersten Hinweis zu beherzigen. Wenn Ihnen das nach einigen Malen gelingt, nehmen Sie zusätzlich zum Beobachten Ihrer Gedanken noch die aufmerksame Atmung hinzu. Wenn Sie beides zeitgleich können, ergänzen Sie noch die Veränderung der Gehgeschwindigkeit und das Spüren des Fußkontaktes mit dem Boden.

Atmen im Rhythmus Ihrer Schritte

Lenken Sie Ihre Aufmerksamkeit beim Gehen auf den Rhythmus Ihrer Schritte. Finden Sie einen angenehmen Rhythmus und behalten Sie diesen bei. Fokussieren Sie sich auf Ihre Atmung beim Gehen. Atmen Sie gleichmäßig durch die Nase ein und aus. Sie können zum Beispiel jedes Mal beim rechten Schritt einatmen. Oder bei jedem zweiten rechten Schritt. Probieren Sie aus, was Ihnen guttut. Achten Sie dabei auf ein moderates Schritttempo, bei dem Sie zum Beispiel noch gut reden könnten, ohne außer Atem zu geraten. Sie können auf diese Art auch während des Joggens meditieren.

In der Natur meditieren

Schon Buddha meditierte der Überlieferung nach sehr gerne in der Natur. Auf diese Weise ist es möglich, sich vorübergehend vom Kontakt zu anderen Menschen zu distanzieren. In Zeiten der ständigen Erreichbarkeit und vieler Beziehungen ist dies eine Wohltat für die Seele.

Übung

Sie können sich in die freie Natur begeben und sich vom lebendigen Zauber der Natur mitnehmen lassen. Dafür setzen Sie sich vor einen schönen Baum oder eine Ihnen sympathische Pflanze. Sie können Ihren Blick auch auf einer schönen Landschaft ruhen lassen. Suchen Sie sich einen Ort, an dem Sie sich niederlassen möchten. Setzen Sie sich entspannt, aufrecht und bequem hin und halten Sie dabei Ihre Augen halb offen. Nehmen Sie sich ruhig Zeit, um eine angenehme Körperhaltung zu finden.

Lassen Sie sich jetzt auf die natürliche Schönheit der Natur ein. Beobachten Sie dabei, wie Ihre Gedanken kommen und gehen. Kehren Sie immer wieder zum jetzigen Moment zurück. Seien Sie hier und im Jetzt, nicht woanders.

! Nehmen Sie sich für die Meditation in der Natur eine Picknickdecke oder eine andere Unterlage mit.

Meditation im Liegen

Die Meditation im Liegen können Sie in Ihrem Büro durchführen, ebenso nach Feierabend im Wohnzimmer oder in einem anderen geeigneten Raum, in dem Sie ungestört sind. Schalten Sie dabei alle möglichen Störquellen aus. Sagen Sie Ihren Familienmitgliedern, wie lange Sie Zeit für sich haben wollen, damit Sie sich ganz und gar auf sich konzentrieren können.

Legen Sie sich einfach flach auf den Rücken, die Arme mit nach oben geöffneten Handflächen neben sich. Schließen Sie die Augen und atmen Sie einige Male aus und ein. Gönnen Sie sich einen Augenblick der Ruhe und genießen Sie die anfangs eventuell ungewöhnliche Position.

Entspannen Sie dann Ihren ganzen Körper und fangen dafür bei den Füßen an, die Sie nach außen fallen lassen können. Stellen Sie sich vor, wie jeder einzelne Zeh entspannt und sich löst. Entspannen Sie ein Bein nach dem anderen, lassen Sie jede Anspannung aus dem Rücken, dem Gesäß, den

Armen, den Händen, den Fingern, dem Gesicht, dem Bauch. Finden Sie im Laufe Ihrer Übungseinheiten heraus, welche Reihenfolge für Sie die beste ist. Achten Sie auch darauf, Ihre Zunge zu entspannen. Beobachten Sie bei ruhiger, natürlicher Atmung, welche Muskeln eventuell noch angespannt sind oder noch arbeiten, obwohl Sie sie im Augenblick nicht brauchen, um einfach zu liegen.

Versuchen Sie, während dieser schrittweisen Entspannung, Ihre Atmung wahrzunehmen. Verändern Sie Ihre Atmung nicht, sondern lassen Sie eine natürliche Atmung zu. Ihr Körper weiß, was er braucht. Nachdem Sie Ihren Körper entspannt haben, lassen Sie ihn in diesem ruhigen Zustand und beginnen Sie damit, den Lauf Ihrer Gedanken zu beobachten. Seien Sie dabei Beobachter, nicht Akteur. Auch wenn Gedanken über Ihren Körper wie beispielsweise „Ich sehe jetzt bestimmt seltsam aus", „Ich bin zu dick" oder „Ich bin immer so verspannt" aufkommen, nehmen Sie achtsam wahr, dass auch das Gedanken sind, die kommen und gehen.

Stellen Sie sich dann vor, Sie würden vom Boden aufgenommen werden und leicht in ihm versinken. Machen Sie sich ganz schwer und genießen Sie es, vom Boden gehalten zu werden.

Wenn Sie die Übung beenden, kommen Sie noch im Liegen langsam wieder zu sich. Setzen Sie sich erst auf und bleiben einen Moment sitzen, bevor Sie aufstehen. So hat Ihr Kreislauf eine Chance, langsam wieder auf Trab zu kommen.

Meditation mit Vokalen

Auch wenn Ihnen diese Übung eventuell anfangs seltsam vorkommt, ist sie eine sehr wirksame Möglichkeit, um bei sich selbst anzukommen und den Zugang zur inneren Ruhe zu finden. Das Ergebnis ist eine wundervolle innere Erfrischung und gleichzeitig eine Beruhigung.

Während dieser Übung sprechen Sie alle Vokale A E I O U dreimal nacheinander langsam und gedehnt für ca. drei Sekunden pro Vokal aus. Wählen Sie dafür eine Lautstärke, die Ihnen persönlich in diesem Augenblick zusagt. Während Sie das tun, werden Sie merken, dass jeder Vokal einen anderen Bereich in Ihrem Kopf und Oberkörper massiert. Der Ton A ist heiter und wirkt vor allem im Brustkorb, der Lunge und Ihrem ganzen Schädel. Der Ton E regt den Bereich der Schilddrüse an. Der Ton I lässt sich mit einem Lächeln auf den Lippen ausstoßen und ist ein fröhlicher Ton. Der Ton U dringt tief in Brustkorb und Bauch ein. Der Ton O durchdringt den ganzen Oberkörper und massiert den Unterleib.

Am Ende der Übung können Sie noch ein separates, lang gezogenes O von sich geben und sie mit einem M beenden. Das ergibt nicht nur die Silbe OM (eine berühmte heilige Silbe der Hindus), sondern fühlt sich auch einfach gut als Abschluss der Übung an. Diese Übung versorgt Sie nicht nur automatisch mit viel Sauerstoff, sondern beruhigt Ihren Geist. Wahrscheinlich werden Sie überrascht sein, wie viel Luft Sie haben und wie tief Ihre Atmung sein kann.

Meditation mit Musik

Wählen Sie für eine Meditation mit Musik etwas aus, das einerseits ruhig ist und Ihnen andererseits wirklich gefällt. Wenn Sie an das Musikstück denken, sollten Sie sich wohlfühlen und sich darauf freuen, es zu hören. Dann ist es optimal für die Übung. Nehmen Sie im Sitzen eine aufrechte Position ein und legen Sie Ihre linke Hand in die geöffnete rechte Hand. Ihre Daumen berühren sich leicht an der Daumenspitze. Sorgen Sie nun dafür, dass Sie das Musikstück gleich leicht anstellen können. Schließen Sie nun Ihre Augen und besinnen Sie sich auf Ihre Atmung. Beobachten Sie, wie Ihre Atmung ein- und ausfließt. Verändern Sie sie nicht, sondern nehmen Sie einfach wahr, wie Sie ein- und ausatmen. Wenn Sie Ihrer natürlichen Atmung folgen, werden Sie feststellen, dass Sie im Laufe des einfachen Beobachtens von selbst langsam, ruhig, fließend und tief wird.

Wenn Sie das Gefühl haben, mit Ihrer Atmung im Einklang zu sein, starten Sie Ihren CD-Player.

Jetzt geht es darum, wirklich zuzuhören. !

Die Übung besteht darin, der Musik entspannt zuzuhören und die ganze Aufmerksamkeit der Musik zuzuwenden. Nehmen Sie wahr, ob Ihre Aufmerksamkeit bei der Musik ist oder abschweift. Die Beobachtung des wahrscheinlich ständigen Wechsels ist ein Sinn der Übung. Mal schweifen die Gedanken von der Musik ab, mal sind die Gedanken bei der Musik. Denn der Geist neigt dazu abzuschweifen, ins Träumen zu geraten. Beobachten Sie auch, wann Sie die

Musik bewerten (z. B. „das ist die schönste Stelle" oder „das ist jetzt aber nicht so schön") und so nicht mehr unmittelbar bei der Musik sind. Versuchen Sie, sich von der Musik durchdringen zu lassen. Kehren Sie dafür immer wieder zu den Klängen an sich zurück und folgen Sie so dem Lauf des sich entwickelnden Musikstücks. Versuchen Sie, während des Beobachtens Ihres Geistes Ihre Atmung auf natürliche Weise fließen zu lassen – so, wie Sie die Übung begonnen haben. Sie können sich das Musikstück ein- oder mehrere Male anhören, solange Sie sich dabei wohlfühlen. Bleiben Sie am Ende der Musik noch einen Augenblick sitzen, nehmen Sie Ihre Atmung dabei wahr und spüren Sie die Stimmung, die nun in Ihnen ist.

Die Atemzüge zählen

Ist Ihr Bewusstsein aufgewühlt, gibt es eine einfache Technik, es durch Meditation im Zaum zu halten. Dabei zählen Sie Ihre Atemzüge, wenn Sie ausatmen. Versuchen Sie während der ganzen Zeit des Ausatmens die jeweilige Zahl im Sinn zu halten: 1 bis zum Ende des Ausatmens, Einatmen, 2 bis zum Ende des Ausatmens, Einatmen, 3 bis zum Ende des Ausatmens, …

Sie können bis zehn zählen und dann wieder von vorne anfangen oder bei eins anfangen und dann bis z. B. 50 zählen. Probieren Sie aus, was Ihnen am meisten guttut. Außerdem können Sie immer dann, wenn Sie merken, dass Sie mit Ihren Gedanken von den Zahlen abschweifen, wieder bei eins anfangen. Auf diese Weise machen Sie sich bewusst, wie Sie sich konzentrieren und üben es gleichzeitig.

Das Atemdreieck

Sie können sich auch vor Ihrem inneren geistigen Auge ein Dreieck vorstellen, das Sie in Ihrer Atemmeditation unterstützt. Beim Einatmen stellen Sie sich mit geschlossenen Augen groß vor Ihrem geistigen Auge vor, dass Sie in der linken unteren Ecke des Dreiecks beginnen und nach oben zur Spitze atmen, wo Sie sich eine 1 vorstellen. Sie atmen also gedanklich nach oben. Beim Ausatmen gehen Sie nach rechts unten im Dreieck, wo Sie sich eine 2 vorstellen. Während der natürlichen Pause nach dem Ausatmen gehen Sie unten am Dreieck entlang und stellen sich vor, dass Sie links unten eine 3 sehen. Dann beginnen Sie von vorne. Wahrscheinlich werden Sie feststellen, dass es sehr natürlich ist, beim Einatmen in Gedanken nach oben zu gehen und beim Ausatmen nach unten. Genießen Sie vor allem auch die Pause zwischen Aus- und Einatmen, denn hier liegt Ihr Zugang zur Entspannung.

Achtsamkeit im Gespräch

Nicht die anderen tun mir weh,
sondern das, was ich über sie denke.

Wünschen Sie sich auch manchmal mehr Präsenz im Gespräch – für sich selbst und auch für den anderen? Vielleicht haben Sie, ähnlich wie ich, bereits verschiedene Seminare oder Bücher zu „Erfolgreicher Gesprächsführung" genossen. Sicherlich werden Sie da auf Hinweise dieser Art gestoßen sein:

- „Denke nach, bevor du sprichst."
- „Sprich zum Thema."
- „Höre (aktiv) zu."
- „Stelle Fragen."
- „Gehe auf den anderen ein."

So einfach und wirksam diese Aspekte der Gesprächsführung auch sein mögen, manchmal erwische ich mich dabei, nichts von dem zu beherzigen. Der andere sagt etwas, doch ich höre nur zu Beginn zu und überlege mir dann schon, noch während der andere spricht, was ich darauf antworten kann. „Zuhören" kann man das dann wohl nicht nennen. Retten könnte mich das fadenscheinige Argument „Aber immerhin denke ich dann nach, bevor ich spreche". Manchmal fällt mir eine wundervolle, rhetorisch gewiefte Frage ein, die ich voller Stolz und in der Hoffnung auf beste Wirkung stelle. Doch dann freue ich mich so sehr über meine Genialität, dass ich wieder nicht wirklich zuhöre, während meine Frage beantwortet wird.

Sie kennen bestimmt ähnliche Situationen aus Ihrem Leben. Einerseits wollen Sie gerne präsent sein, sich Zeit nehmen, zielführend kommunizieren und in echten Kontakt mit Ihrem Gesprächspartner treten. Andererseits ist das in der Praxis gar nicht so leicht umzusetzen.

Der Grund hierfür ist üblicherweise nicht unsere mangelnde Kenntnis der Regeln, Prinzipien oder Techniken professioneller Gesprächsführung, sondern mangelnde Achtsamkeit.

Ist Ihnen mal aufgefallen, dass unsere oben genannten „Fehler" oft erst auffallen, nachdem wir sie gemacht haben? In dem Augenblick, in dem wir sie begehen, sind wir mit unserer Aufmerksamkeit ganz woanders.

Wir wollen manipulieren, erfolgreich sein, uns ausdrücken, richtig verstanden werden oder den anderen „abholen". All das ist menschlich und meiner Ansicht nach vollkommen okay. Jedoch ist es nicht achtsam, weil wir nicht im jeweils lebendigen Moment sind. Unsere Hoffnungen, Wünsche, Anliegen oder Ängste lenken uns gedanklich weg von dem, was gerade im Gespräch passiert. Und diese mangelnde Achtsamkeit sorgt dafür, dass wir unser Wissen im jeweiligen Moment nicht optimal anwenden können.

Natürlich werden Sie sich jetzt die Frage stellen, wie Sie Ihre Achtsamkeit im Gespräch steigern können. Wie zu Beginn dieses Buches versprochen, ist es einfach. Sie schalten Ihren Autopiloten ab. Lassen Sie mich Ihnen erläutern, was damit gemeint ist. Sehen wir uns dafür eine „gewöhnliche" Gesprächssituation an:

Eine „gewöhnliche Gesprächssituation

Ihr Gesprächspartner (A) sagt etwas, Sie hören zu und überlegen, was eine passende Antwort sein könnte. Dann sagen Sie (B) etwas. Aber vielleicht reden Sie ja auch beide gleichzeitig.

Mangelnde Achtsamkeit im Verkaufsgespräch

In einem Verkaufsgespräch bringt Ihr Kunde einen Einwand und während er ihn noch erläutert, überlegen Sie schon, wie Sie den Einwand aushebeln können.

Der Ablauf sieht also, vereinfacht dargestellt, so aus: A B A B A B A. Dieser Ablauf wiederholt sich andauernd.

Diesen Ablauf haben Sie so gut trainiert und sich angeeignet, dass Sie nicht mehr allzu sehr nachdenken müssen, um am Gespräch einigermaßen beteiligt zu sein und es mitgestalten zu können. Das beherrschen Sie mittlerweile so gut, dass Sie weite Teile des Gesprächs im Autopilotenmodus führen. Dieser Autopilotenmodus ist praktisch und hilft uns im Alltag genauso wie im Gespräch. Wenn Sie allerdings zu oft in diesem Modus sind, sind Sie sich zu selten sich selbst, des Themas und des anderen bewusst.

Die Tischtennismetapher

Viele Gespräche, die ich im Privaten und Beruflichem beobachte, gleichen einem unglaublich schnellen Pingpongspiel, bei dem es nur noch um das Gewinnen und nicht mehr um die Freude am Spiel geht. Machen Sie es anders und stellen Sie sich vor, dass Sie den Ball jedes Mal ein- oder mehrere Male mit lockeren Schlägen hochhalten, bevor Sie ihn zurückspielen. Könnte es so vielleicht sein, dass Sie nicht mehr Freude am Spiel haben, sondern auch weniger Fehler machen und so größere Gewinnchancen haben? Meiner Erfahrung nach ist das so. Natürlich nicht bei Tischtennis, da ist es ja regelwidrig. In Ihren Gesprächen aber schon.

! Der Autopilotenmodus im Sinne eines Schlafwandelns am Tag verhindert Achtsamkeit.

Den Autopilotenmodus können Sie stoppen, indem Sie sich angewöhnen, zwischen dem, was Sie hören, und dem, was Sie sagen, eine Pause zu machen und dabei ausatmen.

Gewöhnen Sie sich an, nach dem Zuhören (A) und vor Ihrem Sprechen auf natürliche Weise bewusst ein- und auszuatmen (B). Sprechen Sie dann (C). Geben Sie während des Ein- und Ausatmens keine genervten Geräusche (Seufzen, Stöhnen) von sich. Und auch nicht die Augen verdrehen!

Aus dem schnellem AB machen Sie also ein A B C.

Die Regel lautet:

- Hören Sie zu. (A)
- Atmen Sie ein, atmen Sie aus. (B)
- Sprechen/antworten Sie dann. (C)

Wenn Sie das einige Male ausprobiert haben, werden Sie etwas Faszinierendes erleben: Während des Ausatmens haben Sie ganz oft automatisch Kontakt zu Ihrer tiefen, inneren Weisheit! Es fasziniert mich bis heute, diesen Kontakt entstehen zu lassen, indem ich eine kleine Lücke entstehen lasse und atme. Dabei begeistert mich nicht nur, dass es überhaupt geht, sondern auch die Qualität meines Denkens. Denn dann ist die tiefe innere Weisheit die Quelle meines Denkens und nicht meine egogetriebenen Ängste und Sorgen.

Die „Phase B" sorgt für mehr Erfolg im Gespräch

Ich kenne Verkäufer, die mit dieser „Kleinigkeit" die Abschlussquote und damit ihren Umsatz massiv gesteigert haben. Einfach, weil sie bessere Ideen hatten, wie sie mit den Einwänden des Kunden umgehen, und diese ruhig, kraftvoll und damit noch überzeugender vorbringen.

Der Clou

Nutzen Sie Ihre tiefe innere Weisheit als Quelle Ihres Denkens im Gespräch. Dies erreichen Sie mit Achtsamkeit. Gewöhnen Sie sich dafür an, ruhig und natürlich ein- und auszuatmen, bevor Sie etwas sagen.

Wenn ich diese Technik in meinen Seminaren und Vorträgen vorstelle, höre ich oftmals den Hinweis: „Aber das dauert dann ja so lange. Der andere wird denken, ich hätte nichts mehr zu sagen, wäre schachmatt und nicht schlagfertig! Außerdem wird der andere dann ja in meine Atem- und Denkpause sprechen! Ich will nicht in so einen esoterisch-pädagogischen Tonfall geraten!"

Wahrscheinlich können Sie diese Sorge nachvollziehen. Ich auch, weil ich sie vor dem ersten Ausprobieren auch hatte.

Doch ich kann Ihnen berichten, dass es in Wirklichkeit ganz anders ist: Die Zeit des Ein- und Ausatmens fühlt sich für einen selbst zwar recht lange an. Für den anderen jedoch nicht. Außerdem haben Sie neben der größeren Qualität Ihrer Ideen und Aussagen zwei weitere Vorteile: Der andere sieht, dass Sie über das von ihm Gesagte nachdenken (er wird daher wahrscheinlich Anerkennung empfinden) und Sie entschleunigen das Gespräch. Das ist nicht nur das A und O bei einem Konfliktgespräch, sondern hebt auch grundsätzlich die Gesprächsqualität an.

Auf den Punkt gebracht

Üben Sie für das achtsame Sprechen, vor dem Sprechen kurz nachzudenken und sich nicht vorschnell zu Aussagen hinreißen zu lassen, die der Unachtsamkeit entspringen. Nutzen Sie dafür die Idee, nicht sofort „zurückzuschießen", sondern einen Augenblick nachzusinnen. Das geht schneller, als Sie denken.

Der Tag der Achtsamkeit

> Sie können morgens nicht beschließen, was Sie tagsüber denken. Aber Sie können es wahrnehmen und lieben.

Der „Tag der Achtsamkeit" ist ein persönliches Trainingsprogramm, mit dem Sie die Idee der achtsamen Lebensführung im Alltag mit Freude und Leichtigkeit verankern können.

Wachen Sie immer gut gelaunt und voller Vorfreude für den Tag auf? Ich nicht. Kennen Sie auch Tage, an denen Sie morgens aufwachen und einfach schlechte Laune haben, genervt oder gar gestresst sind? Kaum schlagen Sie Ihre Augen auf, schon sehen Sie Bilder des bevorstehenden Tages: das Meeting mit dem anstrengenden Kunden, das Gespräch mit dem unmotivierten Kollegen oder das Einkaufen nach Feierabend?

Genau in dem Augenblick, wenn Sie morgens aufwachen und sich Ihrer selbst bewusst werden und so manches „Horrorszenario" bereits seinen Lauf nimmt, ist es Zeit für Achtsamkeit. Lassen Sie sich nicht vom Strom der Gedanken mitreißen, sondern werden Sie durch größere Achtsamkeit unabhängig von ihm, indem Sie ihn bewusst wahrnehmen und gegebenenfalls verändern.

Stellen Sie Ihr Achtsamkeitsthermostat ein

Eine dauerhafte Veränderung der Raumtemperatur wird durch eine Anpassung des Thermostats erreicht. Wenn Sie nur lüften (also nur kurzfristige, einmalige Maßnahmen ergreifen), wird die Temperatur bald wieder so sein wie vor dem Lüften.

Wenn die Einstellung des Thermostats verändert wird, bleibt die Raumtemperatur konstant, und zwar automatisch. Welche Bedeutung hat diese Metapher für das Erreichen von Gelassenheit? Sie stellen Ihr Achtsamkeitsthermostat neu ein, indem Sie Ihre Denkmuster grundsätzlich verändern. Wenn Sie es neu einstellen, werden Sie in früher schwierigen Situationen automatisch achtsamer bleiben. Sie müssen dafür eine zu 100 % entschlossene Entscheidung treffen, zu der Sie stehen.

Denn Sie erreichen das Neueinstellen Ihres Achtsamkeitsthermostats durch einen Beschluss, den Sie sich jeden Morgen, vielleicht sogar mehrmals am Tag am besten laut selbst vorsagen.

! Dieser tägliche Beschluss lautet: „Ich bin und bleibe achtsam".

Die dahinter liegende Idee lautet: „Nichts und niemand kann mich aus dem Gleichgewicht bringen – weil ich weiß, dass mich nur meine eigene mangelnde Achtsamkeit aus dem Gleichgewicht bringen kann."

Sie können noch so viele Entspannungsübungen machen, Sie können alle Bücher über Stress, Erfolg und Gelassenheit lesen und sämtliche „Stressmanagementmethoden" der Welt lernen – mit der Neueinstellung Ihres Achtsamkeitsthermostats werden Sie dauerhaft am meisten erreichen.

> Machen Sie sich bewusst: Die Einheit des Erfolgs ist der Tag. Sie können nicht morgen achtsam sein, sondern nur heute.

Daher ist es wichtig, sich jeden Morgen bewusst vorzunehmen, tagsüber immer wieder etwas für die eigene Achtsamkeit zu tun. Damit Sie es mit der Umsetzung leicht haben, finden Sie hier sieben Hinweise, mit denen Sie Ihrer Achtsamkeit (neuen) Schwung verleihen können.

Die Grundidee dabei ist, jeden Tag einen Tag der Achtsamkeit zu leben, nicht einmal im Jahr. Dies ist möglich, weil der Aufwand minimal ist und die Techniken leicht umsetzbar sind.

Die sieben Aspekte des Tages der Achtsamkeit

1. Empfinden von Dankbarkeit

Traditionell wird in Achtsamkeitsübungen Dankbarkeit dafür genutzt, sich in eine gute Stimmung zu versetzen. Dankbarkeit ist ein Gefühl, das entsteht, weil Sie das, was in Ihrem Leben ist, nicht als selbstverständlich ansehen, sondern dankbar dafür sind.

Stellen Sie sich folgende Fragen und beantworten Sie sie mit ganzem Herzen und ganzer Seele:

- Wofür genau kann ich heute dankbar sein?
- Für welche Menschen in meinem Leben kann ich dankbar sein?

Nehmen Sie sich einige Minuten und beantworten Sie sich diese Fragen in Ruhe und mit Genauigkeit. Erledigen Sie diese tägliche Dankbarkeitsübung nicht im „Schnelldurchlauf", sondern genießen Sie das Gefühl.

Sobald Sie diese Übung das erste Mal selbst mit großer Intensität durchgeführt haben, werden Sie merken, wie viel Kraft, Energie und Zuversicht Sie mit dem Empfinden von ehrlicher Dankbarkeit freisetzen können.

Dieses Gefühl der Dankbarkeit können Sie auch tagsüber immer wieder mal für einen Moment hervorrufen, indem Sie sich die oben stehenden Fragen stellen und beantworten.

> ***Wofür Sie immer dankbar sein können***
>
> *Ich bin beispielsweise jeden Morgen dafür dankbar, dass ich überhaupt am Leben bin. Das hat nichts mit einem riskanten oder ungesunden Lebensstil zu tun, sondern vielmehr mit dem Bewusstsein, dass das Leben endlich ist und ich heute einen Tag geschenkt bekommen habe. Es ist ein Wunder, dass mein Herz schlägt, mein ganzer Körper arbeitet und ich mir meiner selbst bewusst bin. Welch ein Geschenk!*

2. Die gelenkte Morgenmeditation

Der Morgen ist eine gute Zeit, für einen Augenblick bei sich anzukommen. Denn gewohnheitsmäßig reist der Verstand bereits durch Situationen, die der Tag wohl bringen könnte. Nehmen Sie sich einen Augenblick Zeit, um sich selbst einen Moment der Ruhe zu gönnen und sich auf Achtsamkeit zu „kalibrieren". Stellen Sie Ihr Achtsamkeitsthermostat auf die gewünschte Temperatur.

Setzen Sie sich dafür aufrecht hin, schließen Ihre Augen und begrüßen Sie sich im Stillen, indem Sie z. B. denken: „Guten Morgen, lieber Christian." Damit machen Sie sich bewusst, dass es Sie gibt, und Sie stellen sich auf Achtsamkeit im Alltag ein. Danach leiten Sie sich selbst mit einer Auswahl von Basisfragen zur Meditation an:

- Was höre ich? Welche Geräusche dringen an mein Ohr?
- Wie geht es mir? Wie fühle ich mich? (nicht werten, nur wahrnehmen!)
- Wie atme ich?
- Was denke ich?

Machen Sie es ganz einfach. Wie oben beschrieben, gibt es keinen „optimalen Zeitraum", um zu meditieren. Stellen Sie sich einen Wecker auf z. B. fünf Minuten oder hören Sie einfach auf, wenn es für Sie ein guter Zeitpunkt ist aufzuhören.

Sollten Sie sich etwas mehr Zeit nehmen wollen, können Sie auch die ca. 22-minütige Basismeditation nutzen, die Sie ja auch als Download unter www.christian-bremer.de/meditationen finden.

Wenn Ihnen danach ist, können Sie Ihren Verstand darüber hinaus auch lenken, indem Sie z. B. über folgende Fragen meditieren:

- Worüber/worauf kann ich mich heute freuen?
- Was ist das Schöne am heutigen Tag?
- Welche positiven Überraschungen kann der Tag für mich bereithalten?

3. Bewusstes Atmen

Der Atem ist der Zugang zur Seele, zur inneren Ruhe und zur eigenen Balance. Im Laufe des Tages machen Sie sich immer wieder Ihre Atmung bewusst. Vergewissern Sie sich immer wieder, ob Sie noch atmen. Beim Kaffeekochen, wenn Sie auf einen Fahrstuhl warten oder auf dem Weg zum WC sind.

Nutzen Sie dafür die drei Fragen:

- Atme ich noch?
- Wie fühlt es sich an, wenn ich atme?
- Wie bewegt sich mein Körper, wenn ich atme?

Die vollständige Anleitung hierfür sowie verschiedene Variationen von Atemmeditation finden Sie im Kapitel „Den Atem spüren".

Diese Übung können Sie bereits auf der Fahrt zur Arbeit machen, vor Telefonaten oder wenn Sie sich tagsüber die Hände waschen. Wenn Sie damit beginnen, werden Sie feststellen, dass es viele Situationen gibt, in denen Sie für einen Augenblick „einfach nur atmen" können. Haben Sie keine Sorge: Sie verpassen nichts und Sie schaffen Ihre Arbeit schon.

Auch während Besprechungen, Telefon- oder Videokonferenzen und bei längeren Telefonaten können Sie Ihre Aufmerksamkeit immer wieder auf Ihre Atmung lenken. Wenn Sie es probieren, werden Sie feststellen, dass es nicht von Nachteil ist. Sie können trotzdem inhaltlich voll und ganz bei der Sache sein.

4. Nichts tun: die kleinen Pausen der Achtsamkeit

Kennen Sie noch diese Digitaluhren, die zu jeder vollen Stunde einen kurzen Piepston von sich geben? Diese Funktion lässt sich wunderbar als Erinnerung daran nutzen, im Laufe des Tages Pausen für Achtsamkeit zu machen. In diesen Pausen machen Sie nichts. Sie essen nicht, Sie trinken nicht, Sie schauen nicht aus dem Fenster, Sie sprechen nicht – Sie tun gar nichts.

Es gibt den ganzen Tag über so viel zu tun, dass der Verstand stets gefordert ist. Sorgen Sie daher immer wieder mit kleinen Inseln der Ruhe für Balance, in denen er nichts zu tun braucht. Kein Planen, kein Voraussehen, keine Berechnung, kein „Ich muss noch an dies und jenes denken".

Wie geht das? Halten Sie einen kleinen Augenblick inne und machen Sie sich bewusst, dass es jetzt vorübergehend absolut nichts zu tun gibt. Sie verpassen nichts. Sie können ja direkt nach der Übung wieder loslegen, jetzt tun Sie aber für einen Moment gar nichts.

> ***Bei mir klingt das innerlich gesprochen dann so:***
>
> *„Ich mache mir bewusst, dass ich jetzt für einen Augenblick nichts zu tun habe. Das genieße ich und beobachte dabei, was mein Verstand währenddessen so denkt. Ich folge den Gedanken nicht, sondern ich beobachte sie. Dabei spüre ich meine Atmung."*

Wahrscheinlich wird das anfangs recht schwierig sein, weil Sie eventuell denken, keine Zeit dafür zu haben, etwas zu verpassen oder Zeit zu verschwenden. Doch wenn Sie diese Übung einige Male durchgeführt haben, stellen Sie fest, wie wertvoll sie ist. Und Sie werden feststellen, dass Sie überhaupt nichts verpassen.

Denn diese Übung ist nicht nur während der Durchführung erholsam für Sie und Ihren Verstand, sondern Sie haben danach auch mehr Frische, Kreativität und Esprit für die noch anstehenden Aufgaben.

Der Sinn dieser Pausen liegt neben der Erholung darin, sich für einen kleinen Augenblick zu spüren und bewusst zu machen, wie es einem selbst gerade so geht.

> **!** *Denken Sie auch mal an sich. Sie sind wertvoll.*
>
> Nur wenn es Ihnen gut geht, können Sie sich optimal um andere kümmern. Sorgen Sie auch mal für sich, nicht nur für Projekte, Kunden, Ihre Firma oder Ihre Familie.

Natürlich können Sie statt der Uhr auch einen elektronischen Kalender dafür nutzen, sich immer wieder an diese kleinen „Blitz-Pausen" der Achtsamkeit zu erinnern. Wie wäre es beispielsweise, sich in den Kalender des Smartphones oder Handys alle zwei Stunden eine kleine Erinnerung mit einem Codewort einzubauen, das nur Ihnen etwas sagt? Wann immer Sie die Erinnerung dann auf dem Display sehen, halten Sie einen Augenblick inne und führen die Übung durch.

5. Eingestreute „Mini-Meditationen"

Damit Sie sich immer wieder im Moment wiederfinden können, nutzen Sie verschiedene, jeden Tag wiederkehrende

Situationen, um kleine Mini-Meditationen durchzuführen. Solche Situationen sind beispielsweise:

- während des Treppensteigens
- beim Trinken
- beim Kaffee- oder Teekochen
- beim Warten, bis die Ampel grün wird
- während Sie auf einen Zug oder die U-Bahn warten
- beim Rolltreppefahren
- währende Sie auf den Aufzug warten
- beim Händewaschen
- während Sie ein bestimmtes Programm auf dem Rechner öffnen
- während das Telefon klingelt oder wenn Sie eine Telefonnummer wählen
- beim Betreten eines Meetingraums

Sie sehen, die Bandbreite der Situationen ist groß, die sie mit „Mini-Meditationen" verknüpfen können. Auf diese Weise haben Sie Anker und Erinnerungshilfen.

Wann immer Sie in diesen Situationen sind, können Sie beispielsweise folgende Übungen der Achtsamkeit machen:

- Beobachtung des Kopfkinos („Was denke ich?", „Was ist in meinem Kopf gerade so los?")
- Dankbarkeitsübung („Wofür kann ich jetzt gerade dankbar sein?")

- Körperübung („Wie fühlt sich mein Körper an?", „Wo bin ich verspannt?", „Welche Muskulatur kann ich jetzt noch entspannen?")
- Lächeln (Grundlos oder: „Was ist in diesem Augenblick für mich ein guter Grund, um zu lächeln?")
- Geräusche bewusst wahrnehmen („Was höre ich?", „Welche Geräusche dringen gerade an mein Ohr?")

So verschaffen Sie sich die Möglichkeit, immer wieder zu Ihrem inneren Ort der Ruhe zu gelangen. Dort schöpfen Sie Kraft und können sich erholen.

6. Anwendung von ein bis zwei Techniken der Achtsamkeit

Ein Ergebnis des in diesem Buch enthaltenen „21-Tage-Trainingsprogramms für Achtsamkeit" wird höchstwahrscheinlich sein, dass Sie einige Techniken benennen können, die Ihnen persönlich am besten geholfen haben, achtsam zu leben.

> **!** Von diesen Techniken werden Sie am meisten profitieren können, wenn Sie sie als Routine in Ihren Tagesablauf einbinden.

Überlegen Sie sich gleich morgens, welche ein bis zwei Ihrer Lieblingstechniken der Achtsamkeit Sie heute einige Male anwenden wollen. Nehmen Sie sich dafür nicht zu viel vor.

7. Die gelenkte Mittags- oder Abendmeditation

Ähnlich der gelenkten Morgenmeditation geht es auch bei der Mittags- oder Abendmeditation darum, bei sich anzukommen und sich immer wieder Inseln der Ruhe zu verschaffen.

Gratis-Download der Meditation

Die Meditationen für mittags und/oder abends finden Sie zum Download unter www.christian-bremer.de/meditationen.

Ob Sie die Mittagsmeditation oder lieber die Abendmeditation (oder beide) durchführen, finden Sie am besten durch Ausprobieren heraus. Und ob die Abendmeditation am besten nach Feierabend und vor der privaten Zeit passt oder erst vor dem Schlafengehen (oder beides), entscheiden Sie ebenfalls selbst durch Ausprobieren.

Nehmen Sie sich einen Augenblick Zeit und sorgen Sie dafür, dass Sie ungestört sind. Setzen Sie sich entspannt aufrecht hin und schließen Sie Ihre Augen.

Nehmen Sie zu Beginn der Abendmeditation mit der Frage „Wie atme ich?" Kontakt zu Ihrer Atmung auf und verweilen Sie dort, solange es Ihnen guttut. Danach stellen Sie sich die folgenden Fragen (oder eine Auswahl) und lenken Ihre Aufmerksamkeit auf die Bilder, die Ihr Verstand vor Ihrem geistigen Auge entstehen lässt. Versuchen Sie, diese einfach wahrzunehmen, ohne sie zu bewerten.

- „Was waren die schönsten Momente des heutigen Tages?"
- „Wofür kann ich heute dankbar sein?"
- „In welchen Situationen hatte ich heute Kontakt zu meiner inneren Ruhe?"
- „Wann habe ich heute aus meiner inneren Weisheit heraus gesprochen oder gehandelt?"
- „Wie habe ich den Tag der Achtsamkeit erlebt?"
- „Wie habe ich mich während und nach den einzelnen Übungen gefühlt?"

Natürlich brauchen Sie nicht alle Fragen zu nutzen, sondern können auch eine Auswahl treffen. Finden Sie durch Ausprobieren heraus, welche Fragen Ihnen am angenehmsten sind.

Auf den Punkt gebracht

Der „Tag der Achtsamkeit" ermöglicht Ihnen ganz konkret, die Prinzipien und Techniken der Achtsamkeit in aller Ruhe kontinuierlich anzuwenden.

Das 21-Tage-Trainingsprogramm für mehr Achtsamkeit

Wichtige Hinweise und Tipps

Mit dem 21-Tage-Trainingsprogramm für mehr Achtsamkeit können Sie in den nächsten 21 Tagen geduldig, einfach und konsequent Ihre Achtsamkeit trainieren. Nun können Sie all das ausprobieren, was Sie bisher gelesen und gelernt haben. Hoffentlich haben Sie in dieser Zeit auch mal Stress, Druck, Zeitnot, Ärger und erleben einige Rückschläge. Denn in diesen Situationen können Sie von den Techniken und Übungen am meisten profitieren.

Zu Beginn lesen Sie, wie Sie dieses Programm mit der größtmöglichen Wirkung anwenden. Beherzigen Sie bitte diese Hinweise sehr genau, denn sie beeinflussen direkt Ihren persönlichen Erfolg. Vertrauen Sie auf die vielen Jahre an Erfahrung, auf denen das Programm aufbaut. Lassen Sie sich von mir an die Hand nehmen und probieren Sie alle Übungen mehrfach aus. Es ist noch kein Meister vom Himmel gefallen, also seien Sie geduldig und nachsichtig mit sich selbst. Wenn etwas nicht sofort funktioniert, dann ist das nicht schlimm, sondern völlig normal. Die wiederkehrende Übung macht den Meister. Gehen Sie mit sich geduldig und liebevoll um, schätzen Sie jeden noch so kleinen Fortschritt.

Der Aufbau des Trainingsprogramms

Das Programm besteht aus zwei Teilen:

Teil 1: Jeder Tag beginnt mit einer stets gleichen Routine, mit der Sie Tag für Tag achtsamer werden. Vertrauen Sie mir: Wenn Sie diese Routine beherzigen, umsetzen und leben, dann können Sie gar nicht anders, als achtsamer zu leben.

Teil 2: Außerdem finden Sie immer eine besondere Übung pro Tag. Sie erhalten also 21 unterschiedliche und bewährte Techniken, die Sie der Reihe nach ausprobieren können. So wissen Sie rückblickend, welche Ihnen am besten helfen.

Ihre tägliche Routine

1. Sprechen Sie gleich morgens ein persönliches Motto für Achtsamkeit dreimal laut und deutlich aus. Sprechen Sie es so aus, als ob es nichts Wichtigeres geben würde.

Ihr Motto kann beispielsweise so klingen: „Ich bin und bleibe achtsam, weil es mir wichtig ist und weil ich mich liebe."

Mit einem guten Motto gelingt es Ihnen, Ihren Tag von vornherein gelassen und kraftvoll zu gestalten. Das Motto ist ein unabdingbarer Bestandteil dieses Programms. Es ist der Treibstoff für das Auto. Ohne diesen kommen Sie auch mit dem besten Auto nicht voran. Um für das Programm ein persönliches, zu Ihnen passendes Motto zu finden, ergänzen Sie den Satz: „Ich bin und bleibe achtsam, weil …". Auf diese Weise erhalten Sie ein Motto, das Sie daran erinnert, dass und warum Sie achtsam sein wollen. Wenn Sie Ihr Motto aussprechen, dann tun Sie das nicht nebenbei. Sprechen Sie es am besten laut aus und tun Sie so, als würden Sie es sich selbst schwören. Im Idealfall vibriert Ihr ganzer Körper.

Übrigens gibt es ein einfaches Zeichen, das Ihnen zeigt, dass Sie es richtig machen: wenn andere, die Sie dabei sehen, Sie für verrückt halten.

2. Beantworten Sie die Frage: „Wofür kann ich heute dankbar sein?"

Wie Sie bereits bei „Vier Prinzipien der Achtsamkeit" gelesen haben, ist Dankbarkeit ein Schlüssel zur Achtsamkeit. Üben Sie in diesen 21 Tagen, auch für scheinbare „Kleinigkeiten" dankbar zu sein. Dies kann ein Lächeln des Kollegen sein, eine tolles Musikstück im Radio oder ein Bus, der auf Sie gewartet hat. In jedem Fall können Sie immer dankbar dafür sein, dass Sie am Leben sind. Das Leben ist ein tägliches Geschenk und es ist nichts Selbstverständliches. Sie können auch für dieses Trainingsprogramm dankbar sein oder für die Fortschritte, die Sie machen.

3. Meditieren Sie

1. Meditieren Sie vor der Arbeit oder dem Tagesbeginn.
2. Gönnen Sie sich täglich dreimal eine meditative Pause von mindestens fünf Minuten.

Nutzen Sie hierfür die Hinweise aus den Kapiteln zur Meditation.

4. Üben Sie konsequent Ihre situative Achtsamkeit

Nutzen Sie dafür den Leitsatz: „Wahrnehmen, nicht werten." Je mehr Sie bewusst und ohne Bewertung wahrnehmen, was passiert, desto mehr Achtsamkeit haben Sie. Je mehr Sie unbewusst im „Autopilotenmodus" bewerten, was passiert, desto weniger achtsam sind Sie.

Achten Sie in den 21 Tagen genau darauf, welche Ihrer Bewertungen von sich selbst, anderen Menschen, Aufgaben oder Situationen Sie Stress empfinden lassen. Dies ist zwar keine einfache Aufgabe, doch ist sie dafür umso wichtiger. Denn das „einfache" Wahrnehmen von stressigen Situationen ist der Schlüssel zu situativer Achtsamkeit. Natürlich können Sie trotzdem handeln, Dinge ansprechen und vielleicht verändern. Das Motto hierbei lautet: „Ich verklage meinen Nachbarn, und zwar achtsam." Achtsamkeit heißt nicht Passivität.

5. Die jeweilige Tagesaufgabe

Als jeweils 5. Aufgabe finden Sie eine genau beschriebene Tagesaufgabe der Achtsamkeit. Üben Sie bitte jede Technik einige Male pro Tag und definieren Sie dann im Rückblick, welche der 21 Übungen Sie in Ihren Alltag integrieren wollen. Übernehmen Sie diejenigen Ideen, die Ihnen am meisten dabei helfen, achtsam zu leben. Lassen Sie keine der Übungen aus, es könnte ja genau die sein, die Ihnen ab sofort mehr Gelassenheit ermöglicht. Beherzigen Sie bitte bei der Durchführung der Übungen die alte Weisheit: „Wie ein Essen schmeckt, wissen Sie erst, wenn Sie es probiert haben."

6. Die Erfahrungen und Erfolge genießen

Als abschließenden Punkt reflektieren Sie jeden Tag, an welchen Stellen Sie besonders achtsam oder besonders unachtsam waren. Das ist wichtig, um die eigenen Fortschritte zu erkennen und sich an ihnen zu erfreuen. Wenn Sie möchten, können Sie ja ein kleines Tagebuch führen.

Verpflichten Sie sich selbst dazu, jeden Tag etwas für Ihre Achtsamkeit zu tun.

> **!** Durch die Einübung der wiederkehrenden Routine eignen Sie sich neue Gewohnheiten an. Natürlich bedeutet das einen gewissen Aufwand, der sich jedoch tausendfach rentieren wird. Denn was Sie sich einmal als Haltung, Technik oder Gewohnheit angeeignet haben, kann Ihnen so schnell niemand mehr nehmen. Sie profitieren dann ein Leben lang davon.

Persönliche Zieldefinition für das Programm

Damit Sie genau wissen, warum und wozu Sie dieses Trainingsprogramm durchführen, beantworten Sie sich selbst die folgenden Fragen am besten schriftlich. Nehmen Sie sich die Zeit: Sollten Sie einmal eine „Motivationslücke" haben, sehen Sie nach, warum und wozu Sie hier angetreten sind. Wenn Sie die Fragen ehrlich und von Herzen beantworten, werden Ihre Gründe und Ziele Sie immer wieder neu antreiben.

Beantworten Sie sich die folgenden Fragen und leiten Sie im Anschluss daran Ihre Ziele ab. Antworten Sie ehrlich und lassen Sie Ihr Herz sprechen. Am besten werden Sie die Fragen für sich beantworten können, wenn Sie bereits die ein oder andere Übung aus diesem Buch in der Praxis durchgeführt haben.

Sie können die Fragen allerdings auch verwenden, um sich nach dem Programm dazu zu motivieren, in Sachen Achtsamkeit „am Ball zu bleiben".

- Wie fühlen Sie sich, wenn Sie achtsam sind?
- Wie ist es für Sie zu meditieren?
- Wie fühlen Sie sich, wenn Sie nicht achtsam sind?
- Wie gehen Sie mit sich selbst um, wenn Sie nicht achtsam sind?
- Worauf verzichten Sie in Ihrem Leben, wenn Sie nicht achtsamer werden?
- Was würden Sie rückblickend auf Ihrem Sterbebett bereuen, wenn Sie im Bereich „Achtsamkeit" nichts verändert oder dazugelernt hätten?
- Was würde Ihnen immer wieder an Unangenehmem passieren, wenn Sie nicht achtsamer werden?
- Für welche Menschen in Ihrem Umfeld ist es angenehmer, wenn Sie achtsamer werden?
- Welche weiteren Motive, Vorteile und Anreize haben Sie, achtsamer zu sein?

Die 21 Einheiten

Hier finden Sie nun die 21 unterschiedlichen Techniken, die Sie in den 21 Tagen ausprobieren können. Bitte denken Sie an meine Bitte gleich zu Beginn des Buches: Geben Sie 100 %, Sie tun es für sich. Geben Sie nicht nach dem ersten Versuch auf, sondern probieren Sie alles mehrfach mit Schwung und Leichtigkeit aus.

! Natürlich können Sie die Techniken und Übungen auch verwenden, ohne sich an die Systematik des Trainingsprogramms zu halten. Wählen Sie einfach aus, was Ihnen sympathisch ist, und testen Sie das jeweils einen Tag oder länger. Das, was Sie dann begeistert, machen Sie sich dann zur Gewohnheit, um möglichst oft davon profitieren zu können.

1.	Wann immer Sie durch eine Tür gehen, lenken Sie Ihre Aufmerksamkeit auf Ihre Atmung und machen Sie sich bewusst, dass und wie Sie atmen.	1
2.	Nutzen Sie ganz bewusst einige Male Ihre nicht-dominante Hand, um diese zu spüren.	2
3.	Streben Sie an, keine oder möglichst wenig „Weichmacher" und Füllwörter verwenden, um Klarheit zu üben. Solche Worte sind z. B. „eventuell", „vielleicht" oder „also" und „ähm".	3
4.	Beobachten Sie heute immer wieder Ihre tätigen Hände, um Dankbarkeit und Achtsamkeit zu üben.	4
5.	Suchen Sie passende Situationen, um ehrliche Komplimente auszusprechen, die wirklich aus Ihrem Herzen kommen. So schulen Sie Ihre Wahrnehmung und den achtsamen Kontakt zu anderen Menschen.	5
6.	Beobachten Sie Ihre eigene Körperhaltung, um diesbezügliche Achtsamkeit zu üben.	6
7.	Lenken Sie Ihre Wahrnehmung heute immer wieder auf Geräusche, die Sie hören. Halten Sie dazu einige Male inne, um Stille und Wahrnehmung zu üben.	7

8.	Wenn heute Ihr Telefon klingelt, nutzen Sie die Zeit bevor Sie es beantworten, um bewusstes Atmen zu üben.	8
9.	Wenn Sie heute auf irgendetwas oder irgendjemanden warten, verwenden Sie diese Zeit, um Achtsamkeit und Stille zu üben.	9
10.	Betrachten Sie heute alles und jeden mit Wertschätzung, um Zuneigung zum Leben zu üben.	10
11.	Unternehmen Sie heute einige geheime gute Handlungen zur Freude und Überraschung anderer (Ihnen vielleicht sogar Unbekannter), um das erwartungsfreie Geben zu üben.	11
12.	Halten Sie heute mehrfach inne und genießen Sie drei stille Atemzüge, um dem Verstand eine Pause zu gönnen.	12
13.	Nehmen Sie gezielt und bewusst Bäume oder die Farbe Blau wahr, um Ihre Aufmerksamkeit zu trainieren.	13
14.	Lassen Sie heute Ihre Hände immer wieder für fünf Sekunden bewusst ruhen, um Langsamkeit zu üben.	14
15.	Sagen Sie heute innerlich „Ja" zu allem, was gesagt wird und was passiert, um Offenheit zum Leben zu üben.	15
16.	Wann immer Sie heute vor einem Spiegel stehen, schauen Sie sich selbst für einige Sekunden in die Augen und nehmen Kontakt auf zu sich.	16
17.	Wann immer Sie heute einen Raum betreten, stellen Sie ihn sich für einen kurzen Augenblick komplett leer vor, um Leichtigkeit zu üben.	17
18.	Beim Essen legen Sie nach jedem Bissen das Besteck ab. Kauen und schmecken Sie bewusst, um achtsames Essen zu üben.	18

19.	Finden Sie im Alltag eigene Gefühle der Ablehnung gegenüber anderen Menschen, sich selbst, Gegenständen oder Situationen, um die Offenheit für „das, was ist" zu üben.	19
20.	Erkennen Sie Ihre eigene Ungeduld, um Unruhe zu spüren und Stille zu üben.	20
21.	Lächeln Sie immer mal wieder, um die eigene Stimmung zu verbessern. Spüren Sie die positiven Folgen des Lächelns.	21

Ausblick: Das Ende ist der Anfang

Herzlichen Glückwunsch, Sie haben durchgehalten! Meine eigenen Erfahrungen mit diesem Trainingsprogramm vor Augen, würde ich Sie so gerne fragen, wie es für Sie war. Wenn Sie Lust haben, schreiben Sie mir gerne eine E-Mail mit Ihren Erfahrungen an kontakt@christian-bremer.de.

Wenn Sie sich an das Trainingsprogramm gehalten haben, bin ich mir sicher, dass Sie nun in vielen Situationen achtsamer bleiben können. Sie kennen und beherrschen nun zahlreiche, ganz unterschiedliche Techniken, um auch im größten „Stress" die Übersicht zu behalten und achtsam bei sich zu bleiben.

Nun bleiben Sie am Ball und nutzen Sie diejenigen Techniken und Übungen, die Ihnen am meisten geholfen haben.

Bitte geben Sie Ihre Erfahrungen mit diesem Trainingsprogramm weiter und erzählen Sie anderen Menschen, wie Ihr Leben vor dem Programm aussah und wie es jetzt aussieht. Aber Letzteres wird sowieso bereits aufgefallen sein. Herzlichen Dank für Ihr Vertrauen!

Der Autor

Christian Bremer sorgt seit mehr als 20 Jahren mit seinen Vorträgen, Coachings und Seminaren für mehr Gelassenheit. Dabei vermittelt er neben Achtsamkeit und Meditation weitere Techniken des mentalen Trainings. Seine Angebote tragen nachweislich zur Reduzierung von Stress, Ärger und Burn-out bei. Als Unternehmer und ehemaliger Leistungssportler weiß er, dass Erfolg Gelassenheit braucht.

Weitere Veröffentlichungen (Auswahl):

- Hörbuch „Mentale Stärke"
- Buch und Hörbuch „Mit Gelassenheit zum Erfolg"

Informationen zu Vorträgen und Seminaren rund um Gelassenheit finden Sie unter www.christian-bremer.de.

Nutzen Sie den Rabatt-Code „Achtsamkeit": Leser/innen dieses Buches erhalten für das bundesweit stattfindende Seminar „Tag der Gelassenheit" 30 % Preisnachlass.

Impressum:
Verlag C. H. Beck im Internet: www.beck.de
ISBN: 978-3-406-67419-8

Wilhelmstraße 9, 80801 München
Lektorat: Text+Design Jutta Cram, 86157 Augsburg, www.textplusdesign.de
Umschlaggestaltung: Ralph Zimmermann – Bureau Parapluie
Umschlagbild: Unternehmensfotografie Dortmund, P. Moutevelidis
Satz: Fotosatz Buck, Kumhausen
Druck und Bindung: Beltz Bad Langensalza GmbH, Neustädter Str. 1–4, 99947 Bad Langensalza
Gedruckt auf säurefreiem, alterungsbeständigem Papier (hergestellt aus chlorfrei gebleichtem Zellstoff)